ON NE MEURT PAS LA BOUCHE PLEINE

Des mêmes auteurs

Odile Bouhier

Le Sang des bistanclaques, Presses de la Cité, 2011; 10-18, 2013.
De mal à personne, Presses de la Cité, 2012; 10-18, 2014.
La Nuit, in extremis, Presses de la Cité, 2013; 10-18, 2014.

Thierry Marx

Planète Marx, Minerva, 2006.
Easy Marx, Minerva, 2007; La Martinière Atelier Saveurs, 2011.
Sweet Marx. Cent huit desserts, Rouergue, 2010.
Daily Marx (avec Sandrine Quétier), La Martinière Atelier Saveurs, 2011.
Comment je suis devenu chef étoilé, Bayard, 2011.
Bon! (avec Jean-Michel Cohen), Flammarion, 2011.
Street Marx, Rouergue, 2011.
Best of Thierry Marx, Éditions Alain Ducasse, 2012.
Le Répertoire de la cuisine innovante, Flammarion, 2012.
Système D. La cuisine des débrouillards, Flammarion, 2013.
L'Éveil, Rouergue, 2014.
Paris Marx. Saveurs capitales (avec Odile Bouhier), Flammarion, 2014.
L'Homme positif. Savoir être pour durer (avec la collaboration d'Odile Bouhier), Michel Lafon, 2015.
Carte blanche à Thierry Marx, J'ai lu, 2015.
L'Histoire à la carte (avec Bernard Thomasson), La Martinière, 2015.
L'Innovation aux fourneaux (avec Raphaël Haumont), Dunod, 2016.

ODILE BOUHIER – THIERRY MARX

ON NE MEURT PAS LA BOUCHE PLEINE

roman

SANG NEUF

Ouvrage publié
sous la direction éditoriale de
Marc Fernandez

Éditions Plon, un département d'Édi8
12, avenue d'Italie
75013 Paris
Tél. : 01 44 16 09 00
Fax : 01 44 16 09 01
www.sangneuf.fr

Dépôt légal : octobre 2017

Mise en pages : Graphic Hainaut (Anzin)

ISBN / 978-2-259-25140-2

Pour Marie-Laure et Mathilde de l'Écotais,
combattantes inspirantes.

À Annie Bernard, épatante psychogénéalogiste,
dont les échanges ont nourri (si si !!!)
les personnages de ce livre.

À Nath, amie messine de toujours
et complice tokyoïte.

À la mémoire de Monique C. et Alain B.
partis trop tôt.

Avertissement

Cette œuvre est une fiction.

Les personnages sont inventés, les faits tout autant : toute ressemblance avec des personnes ayant existé ou des événements réels sont indépendants de notre volonté.

Aucun souterrain ne relie Tsukiji à l'ambassade de France de Tokyo, aucune famille yakuza ne s'appelle Santoka.

PREMIÈRE PARTIE

En plein naufrage

Prologue

1976

Son visage lacéré par les ronces lui faisait mal, elle avait la bouche pleine de sang et le goût de fer rouillé qui envahissait son palais lui donnait la nausée. Au début, elle avait voulu croire que son père, riche et influent, la localiserait. Après tout, malgré leurs désaccords, elle restait sa fille.

Personne ne vint.

Le sang coulait de ses narines, elle ravala un haut-le-cœur sans parvenir à toucher ses lèvres tuméfiées par les coups. Elle courait à perdre haleine, d'ailleurs elle avait bien du mal à retrouver son souffle.

Retrouver son souffle. Comme si elle l'avait perdu... L'expression était bien sournoise. On le lui avait volé et c'était toute la différence.

Elle s'adossa à l'un des poteaux électriques sans oser regarder derrière elle. S'ils l'avaient suivie, elle les aurait entendus. C'était en tout cas ce dont elle tentait de se convaincre. Dans son état, la certitude n'était plus de mise.

Ses pieds nus et endoloris glissaient sur l'herbe mouillée par la rosée, elle réalisa qu'il faisait presque jour.

En une fraction de seconde, tout lui revint en mémoire. L'ampoule qui brûlait au plafond, les liens de corde à ses poignets. Combien de temps l'avaient-ils gardée ? Combien de semaines était-elle restée enfermée ? Privée de repères temporels, elle ne parvenait plus à savoir, son esprit se brouillait. Elle avait bien tenté, les premiers temps, de compter mentalement les heures, de rester connectée à la réalité. Hélas, la nuit permanente et virtuelle dans laquelle ils l'avaient plongée avait eu raison de ses ambitions.

L'image de son mari passa devant ses yeux. Elle aurait tout donné pour être dans ses bras à cet instant précis.

Elle sursauta. Elle avait cru percevoir un mouvement, inspecta nerveusement autour d'elle, mais c'était toujours le même paysage désert fouetté par le vent. Elle s'efforça de repousser cette sensation, comme si elle n'était qu'une illusion sortie tout droit de son esprit fébrile, pourtant une nouvelle appréhension s'empara d'elle. Elle se retourna rapidement, et cette fois elle distingua clairement quelque chose du côté de la route. Une silhouette se déplaçait à l'abri des arbres et, bien que l'apparition ait été furtive, elle eut le temps de constater qu'il s'agissait d'une femme menue avec un sac à dos et des vêtements sombres. Celle qui, la première, était venue lui parler en souriant, l'avait attirée dans le guet-apens. Elle courait genoux fléchis et semblait rompue à ce genre d'exercice. Ses mouvements efficaces et réfléchis évoquaient ces scènes de films d'horreur qui vous paralysent. Mais, surtout, son allure avait quelque chose de familier.

Elle aperçut soudain les phares d'une voiture en contrebas. Deux points jaunes en train de percer la brume aussi épaisse qu'un linceul. Elle n'essaya même pas d'aller plus loin : préférant attirer l'attention du véhicule, elle s'élança sur la route, sentit sous ses pieds l'asphalte remplacer l'herbe grasse et mouillée. Elle chancela en agitant les bras, cria pour que la voiture l'entende et l'attende. Le véhicule freina sur le bitume rugueux.

Alors, elle reconnut la berline dans laquelle ses ravisseurs l'avaient propulsée, lorsqu'ils l'avaient enlevée la première fois. Elle comprit qu'elle était de nouveau prise au piège, que ses bourreaux avaient été plus rapides qu'elle ne l'avait prévu et qu'elle était dans de sales draps. Puis elle reconnut le visage du conducteur : ses yeux bridés suintaient la haine, il avait été le pire de la meute durant sa séquestration. Celui qui attendait d'être seul avec elle pour la prendre de force. Il ne riait plus maintenant, le rictus qu'il arborait en ouvrant sa portière était un condensé de fureur meurtrière.

Il l'empoigna par les cheveux. Sans obéir à une quelconque pensée raisonnée, elle plaqua les lambeaux des doigts de sa main droite sur le visage de son bourreau, les pouces dans les orbites, et planta aussi fort que possible ses dents dans son oreille. Elle rassembla le peu de forces qu'il lui restait pour enfoncer les ongles craquelés et sanglants de sa main gauche, la seule valide, lacérant son visage. Au bout de quelques centièmes de seconde qui lui parurent un siècle, il lâcha prise et hurla lorsqu'elle lui arracha l'oreille. Elle cracha avec horreur le morceau de chair, se retenant de vomir.

Le plus grand et le plus sportif de tous lui barra soudain la route. Elle ne l'avait pas vu venir, encore moins entendu. Il arborait le sourire abject du sadique.

Le type portait un sabre, celui qu'il avait utilisé pour trancher trois des doigts de la main droite de sa proie – c'était ainsi qu'elle s'était sentie, elle n'avait pas d'autre mot pour qualifier son état. Ce souvenir la glaça et, en apercevant son moignon serré dans un bandage noirci de désespoir, l'espace d'une seconde, elle perdit toute concentration. Ses pieds s'empêtrèrent, elle tomba le nez dans le sable, réalisant seulement qu'ils se trouvaient sur une corniche. Dans sa panique, elle n'avait même pas entendu le clapotis de l'eau, plus bas. Puis la réalité la rattrapa : une part de son esprit enregistra que quelqu'un hurlait. Face à elle, le type, ravi de l'avoir surprise, s'esclaffait. Pétrifiée, elle se redressa sur les genoux comme une martyre supplie son dieu de ne pas l'abandonner et, dans un sursaut de survie furibonde, elle se projeta, tête en avant, heurtant de plein fouet le flanc de son agresseur. L'homme tomba lourdement en arrière. Sa tête heurta une pierre et il perdit conscience.

Elle parvint à lui arracher le sabre, courut jusqu'à la berline. Le type à l'oreille coupée tenta de s'interposer mais, voyant la lame, recula.

Alors tout alla très vite : elle sauta dans la voiture et démarra en trombe avec aux tripes la certitude absolue qu'elle ne connaîtrait plus jamais l'enfer qui l'avait bercée ce jour-là.

Le terme « adjugé » marque la fin des enchères et le transfert de propriété de l'objet au dernier enchérisseur.

PARIS

« En avant-première, les commissaires-priseurs de Drouot proposent un tour d'horizon des plus belles pièces d'Asie à l'occasion d'une exposition en salle 9 de l'hôtel Drouot les 5 et 6 mars. Panorama des lots phares qui passeront sous leur marteau du 3 au 7 mars. »

Il était 13 h 35 lorsque Achille Simmeo pénétra dans les jardins du Palais-Royal, côté Comédie-Française, serrant dans sa poche l'invitation qu'il connaissait par cœur. Il faisait moins trois, le froid totalement saugrenu pour ce mois de mars avait pris de court tout le monde. Il n'y avait pas de neige et encore moins de monde dans les allées où le vent incessant penchait les arbres : une dizaine de touristes, engourdis mais contents, quelques hommes d'affaires pressés et plusieurs femmes aussi, pendus au téléphone. Achille Simmeo ne pouvait s'empêcher de les observer, mémorisant le moindre détail. « Mémoire photographique », avait-il lu un jour dans un magazine scientifique.

Il remarqua un jeune couple, des adolescents. *Avec cette température, ils doivent vraiment avoir envie d'être là,* songea-t-il. Il semblait oublier qu'à leur âge lui non plus n'avait pas froid. *Ni aux yeux ni aux oreilles,* admit-il en passant à côté des tourtereaux.

La jeune fille avait une mine boudeuse ravissante, le garçon affichait un sourire maladroit, il se donnait beaucoup de mal pour la séduire. Simmeo envia un bref instant la multitude des possibles, la variété des choix qui s'offraient à eux. Lui n'était plus d'âge à n'avoir rien d'autre à faire que de se lancer dans l'aventure de la vie. Il aurait voulu leur conseiller d'accepter l'amour quand il se présente, oser s'arrêter et leur expliquer que ce ne serait pas toujours si facile. Au lieu de ça il avança en silence, relevant le col de son manteau. Simmeo avait depuis longtemps remisé les apparences chic de certains vêtements, préférant les valeurs sûres du confort et de la chaleur. Quand on est flic, que les planques longues et froides sont votre gagne-pain, difficile de pouvoir céder à la coquetterie. Son chef exigeait le port du costume et de la cravate pour tous « ses hommes », Simmeo n'était l'homme de personne. Tout juste se pliait-il à l'interdiction absolue du jean. Col roulé en hiver, chemise en été, un pantalon qui, selon les saisons, changeait de matière et aujourd'hui de velours moutarde : Simmeo portait bien, toujours propre et rasé de près, c'est ce qui le sauvait auprès de sa direction.

Achille Simmeo reconnaissait qu'il avait pris un coup de vieux depuis quelques mois. Il se sentait las à force de repousser à plus tard la dépression qui l'attendait.

Galerie de Valois, il fut pris d'un immense spleen, se rappelant que c'était ici que Chloé se fournissait en parfum. Il accéléra et pour se changer les idées se concentra sur le prochain changement de son lieu de travail. Ce déménagement l'affectait plus qu'il ne voulait bien l'admettre. Lui avait fait toute sa carrière au 36, progressé au sein de toutes les brigades centrales. À la Crime depuis trente-cinq ans, il connaissait par cœur l'édifice biscornu et mythique. La centralité du lieu était idéale, pas étonnant que la polémique sur le futur et le plus en plus proche emménagement de la PJ dans le nord de la capitale enflât au sein de la brigade. Officiellement, personne ne devait se plaindre de ce nouveau départ, annoncé dans la presse comme résolument tourné vers la police et la justice de demain. En interne, le bordel imminent de cette migration intempestive exaspérait les vieux renards de la maison. Tant de dossiers urgents à traiter, tant de menaces d'attentats sur le dos. Le moment était-il réellement opportun de procéder au transfert de dossiers d'État ? Achille Simmeo faisait partie des râleurs. Surtout pour le principe et pour son confort de vie :

depuis plus de trente ans, il habitait 25, quai des Grands-Augustins, juste en face du 36. « Attention, il sait couper les ponts lorsqu'il est en week-end ou en vacances », avait l'habitude de mentir Chloé. Simmeo sourit, elle n'avait pas complètement tort, pas non plus absolument raison. C'était juste que le côté pratique, pour ne pas dire paresseux, de la chose le satisfaisait.

En passant devant la somptueuse bijouterie devant laquelle Chloé aimait fantasmer, Simmeo s'empêcha de regarder la vitrine. Combien de fois étaient-ils venus ici, ensemble ? Il s'abstint de compter. Les semaines et les mois qui avaient suivi la mort de celle qu'il avait éperdument aimée, il n'avait fait que ça : compter. Les heures, les jours, les gens qu'il croisait : compter le monde fut son exutoire, une lubie. Il errait jusqu'ici, s'asseyait sur un banc, contemplant les arcs et les devantures en parlant à Chloé, l'imaginant à ses côtés. Il tentait de reprendre goût à la vie mais penser à elle continuait de lui broyer le cœur. Le manque était intense.

Afin de ne pas sombrer dans la mélancolie du souvenir – Chloé aurait détesté ça – il se concentra sur le concret de sa vie, envisageant le dilemme qui s'offrait à lui : s'il tenait à garder son confort, deux solutions le tiraillaient : soit il quittait la police, soit il quittait son appartement.

Il pesa le pour et le contre. Quitter la police ? Il ne l'excluait pas totalement. Plusieurs anciens collègues faisaient fortune en vendant leurs services et leurs compétences managériales à des sociétés de sécurité. Certains avaient même créé leur propre petite entreprise : en ces temps de paranoïa, la protection représentait un fructueux business. Simmeo n'aurait eu qu'un coup de fil à passer pour être recruté. Ses compétences de fin limier alliées à la finesse de ses analyses psychologiques, même – surtout – dans les situations les plus retorses, avaient construit sa réputation.

Pourquoi pas?

Il hésitait.

Était-il *prêt à* quitter cet appartement du Quartier latin qu'il aimait tant?

Prêt à emménager aux alentours de la nouvelle Cité de la justice du 17e arrondissement (autant dire le bout du monde pour Achille)?

Achille, es-tu prêt? lui répétait son père.

Prêt à partir à l'école? précisait sa mère.

Prêt à partir en voyage? proposait souvent Chloé.

Il soupira, il se sentait surtout *prêt à* partir en vrille.

À soixante ans, il n'avait pas du tout envie de quitter les berges de la Seine.

Il alluma une cigarette, prit le temps de jeter un œil au menu proposé par Le Grand Véfour, rue du Beaujolais. Le «menu plaisir» l'attira, avec toutes ses promesses. Le commandant avait un faible pour les ravioles au foie gras et sa sauce foisonnée truffée, proposées par le chef du restaurant. Simmeo s'empêcha de penser au ris de veau croustillant qu'il avait une fois dégusté ici même et reprit sa marche, empruntant un itinéraire dont il avait manifestement l'habitude. Avançant d'un bon pas, il prit sans hésitation un raccourci pour atterrir rue de Richelieu.

— Salut, entendit-il soudain.

Ce timbre suave et rocailleux à la fois, pas si courant. Cette voix... Pareille à celle de Chloé ! Il se figea sans se retourner, ce ne pouvait être elle et il le savait pertinemment. Une voix d'homme fit écho à celle de la femme, il reprit sa foulée et, lorsqu'une pluie glaçante commença à tomber, il tira sa capuche. L'eau avait éteint sa cigarette, il la lança dans le caniveau. Le ciel était bas, le vent forcissait et les gouttes battaient la mesure, personne ne s'attardait tant le froid cinglait les visages. À l'angle de la rue Drouot, tout changea. Il y avait plus de monde, même si personne ne s'attardait à l'extérieur. Simmeo accéléra, chassant d'un coup les souvenirs que la voix de cette inconnue venait d'attiser.

À quelques encablures des grands boulevards, il affectionnait ce quartier, petite pépite, réplique d'un village en plein Paris. Tout le monde se connaissait, tout tournait autour de Drouot. Ici on ne vivait que pour et par la salle de vente, véritable mine d'or ; galeristes et marchands d'art se sentaient fiers d'être « au cœur du marché mondial de l'art ». Il aspira une longue bouffée d'air et de pluie, puis, au numéro 9, s'engouffra dans la salle.

L'endroit lui était familier. La plus ancienne institution de ventes aux enchères publiques au monde accueillait cinq mille visiteurs par jour, l'ambiance y était forcément dynamique. Ce bâtiment était un réservoir inépuisable de tableaux, de meubles et d'objets d'art. Simmeo appréciait le côté éphémère du musée, selon lui cette particularité participait à la magie du lieu. On pouvait simplement flâner devant les vitrines d'exposition, consulter les catalogues de ventes, mais aussi approcher les œuvres et les examiner, se renseigner sur leur estimation. Par les fenêtres cintrées du vaste hall, la lumière dessinait des motifs sur le sol qui donnaient à l'endroit les airs d'une église. Le son feutré ajoutait à l'impression de recueillement. Cependant, la vision de la foule qui s'agglutinait dès le rez-de-chaussée mit un terme aux analogies religieuses de Simmeo, lui rappelant qu'il était dans un temple commercial et que le seul dieu prié ici était l'argent : à Drouot, huit cent mille objets étaient vendus chaque année.

Il se sentait un peu chez lui. D'ailleurs, le bandeau publicitaire n'annonçait-il pas : « À Drouot, l'émotion est dans tous les instants, dans toutes les salles... » ? « Dernier jour de la vente Asie... » clignota. Il n'eut pas le temps de lire la suite, avisant un homme, accoutré comme s'il se trouvait dans un gala mondain, qui se dirigeait vers lui. *Oh non ! Pas lui !* songea Achille en soupirant intérieurement. Il avait reconnu René-Charles de Henry, véhément collectionneur devant l'Éternel, accessoirement vieux baron nanti et hypocrite. L'homme habitait un luxueux hôtel particulier à Boulogne. René-Charles de Henry faisait notamment parler de lui dans les magazines people pour ses frasques homosexuelles, de nombreux hommes très beaux lui tenaient compagnie.

Remarquant qu'Achille l'avait vu, René-Charles lui tendit la main. Impassible, le policier ne la prit pas. Il se posta devant un écran, les lettres rouges défilaient, alléchant les visiteurs : « Le programme d'aujourd'hui réserve de superbes pièces de Chine et du Japon. » Simmeo les avait repérées lors de l'exposition préliminaire, et à voir le monde présent il n'était pas le seul. Dans le but très clair de faire comprendre à cet hypocrite de lui foutre la paix, le commandant de police feignait de lire. *Pas question de ressasser*, se motiva-il, toujours sans un regard pour le vieux. Ce dernier affichait un sourire crispé.

— Laissez-moi deviner ! Vous êtes venu pour le *katana* ? insista le bonhomme, décidément sans gêne ni limites.

Ce type commençait à l'emmerder avec son air mystérieux et ridicule, le même que, la semaine dernière, il arborait sur la une qu'une gazette à la mode lui avait consacrée. Sur la photo, le baron posait aux côtés de Céline Dion, laquelle affirmait qu'elle avait prénommé son fils « René-Charles » en hommage à son vieil ami, le baron de Henry.

Le policier savait ce qu'un homme comme lui pensait d'un homme comme lui et se retint de dire : « *Figure-toi que vice versa.* »

— En fait... à dire vrai... Je suis surtout venu pour être seul.

Simmeo observa le baron, soudain pris d'un tic nerveux qui lui déformait le visage.

— Et tranquille, ajouta le policier qui se retint d'ajouter : « *Vous voyez ce que je veux dire ?* »

Son intonation cinglante fut parfaitement efficace : le baron se drapa dans sa dignité et s'éloigna sans demander son reste. *Toujours formateur d'observer un homme d'envergure se rétracter dans ses petits souliers,* nota le policier en plissant les yeux pour mieux lire l'indication de la salle qui clignotait sur l'écran : « Ventes Maître Christophe Jorem-Deron : salles 1 et 7, prem... »

Habitué de la maison, il grimpa directement au premier étage. L'excitation le gagna tandis qu'il avalait par deux les marches de l'escalier : les organisateurs avaient réuni les salles 1 et 7 afin d'agrandir le site et l'accueil, confirmant à Simmeo qu'ils attendaient du monde. Le policier n'avait jamais joué au tiercé, mais imaginait facilement quelle poussée d'adrénaline devaient ressentir les parieurs. Il avait lu un jour qu'il n'était pas absurde de l'apparenter à celle éprouvée par certains tueurs au moment de leur crime.

Simmeo salua un septuagénaire élancé et volubile à l'entrée de la salle. D'origine anglaise, Stanley Cambridge faisait ici partie des murs. Cet expert n'avait rien du savant qu'on imagine volontiers, voûté et binoclard. Selon Achille Simmeo, Stanley Cambridge ressemblait plutôt à un acteur habitué à interpréter le rôle d'un colonel de la Seconde Guerre mondiale.

Aujourd'hui, il portait un costume de tweed foncé avec gilet assorti, une chemise rose pâle et une cravate de tricot marron. La mode actuelle désignait par le terme «chocolat» ce coloris désuet, mais rien n'y faisait, le policier ne parvenait à s'y résoudre : cette couleur lui filait le bourdon.

— Excellente idée d'être venu, inspecteur !

Stanley Cambridge sortit le policier de ses rêveries. Depuis longtemps, il n'y avait plus aucun inspecteur dans la police française. Depuis longtemps, Simmeo ne prenait plus la peine de le préciser. Surtout que, dans la bouche de Cambridge, cela sonnait comme un compliment.

Une fois assis au fond de la salle, le policier observa l'assemblée, c'était ce qu'il préférait. Il remarqua un groupe d'élèves, essaya de repérer si les deux tourtereaux croisés tout à l'heure en faisaient partie mais ne les reconnut pas. Les jeunes présents semblaient impressionnés par les codes de Drouot et cela lui rappela son propre étonnement la première fois qu'il avait assisté à une vente aux enchères. Il avait lui aussi à peine vingt ans et ce souvenir l'amusa.

Le vaste espace se remplit en un rien de temps, il y avait toutes sortes de gens, mais en bon expert Simmeo savait reconnaître les acheteurs des touristes venus en curieux ou pour profiter du chauffage.

À bien y réfléchir, une vente ressemblait plus à un tournoi d'échecs qu'à un combat de boxe. Les avertis savaient pertinemment que la partie commençait bien avant le jour annoncé de la vente. Les enchères signaient en quelque sorte le dernier acte d'un opéra mûri de longue date. Cette vente, par exemple, Simmeo était quasi certain d'en avoir déchiffré les tenants et les aboutissants avant même qu'elle ne débute. Il mit son téléphone portable sur le mode « muet », calcula qu'il faudrait attendre qu'il soit 16 heures pour que les premières surprises aient lieu.

Le premier lot, une statue chinoise en bronze doré de la période Kangxi, fut adjugée à deux cent soixante-dix mille euros. Le ballet des téléphones n'avait pas chômé : l'acheteur, qui avait préféré rester anonyme, habitait à New York.

Ici, au contraire de les effrayer, les prix souvent prohibitifs rassuraient les amateurs. Simmeo s'était offert peu d'objets, ses moyens étaient limités. En revanche, il possédait, à l'exception du premier numéro introuvable, l'improbable collection des gazettes de Drouot depuis leur parution en 1891. « Un paquet de poussière », lui avait plusieurs fois reproché son équipier. N'empêche que lors de l'enquête, il y avait quelques années de cela, sur un détournement d'œuvres d'art au cours des ventes à Drouot et au sein des demeures de particuliers lors des successions, ses collègues avaient été bien contents de trouver sa collection d'amateur d'art. Un gain de temps précieux qui leur avait permis de procéder à une vague d'interpellations, puis à la mise en examen de l'Union des commissionnaires de l'hôtel des ventes : cent dix manutentionnaires soupçonnés furent interdits d'exercice. Identifiables à leur tablier noir et leur col rouge, leurs remplaçants étaient désormais triés sur le volet.

À 15 h 50, remarquant un appel manqué de son chef, Simmeo s'éclipsa cinq minutes pour vérifier qu'il ne s'agissait pas d'une urgence. Son groupe était de permanence et Simmeo restait au garde-à-vous.

Boucheron, le chef de section (surnommé « chef de questions », tant les interrogatoires qu'il menait étaient redoutables d'efficacité), reconnut le numéro de Simmeo et décrocha sans attendre.

— T'es où, là ?

— À la Comédie-Française.

Il n'en était pas loin mais n'y était pas : premier mensonge.

— Tu laisses tomber Molière et tu rappliques illico, enchaîna Boucheron. On a un cadavre sur les bras rue Vermeil. Poirier et Calanques sont sur place, je t'attends au bureau.

Il m'épargne la scène de crime, ses gants obligatoires et leur fichu latex. Parfait. Cela veut dire qu'il est dans de bonnes dispositions. Il savait d'expérience que son supérieur avait une fâcheuse tendance à être lunatique, pour ne pas dire imprévisible.

— J'arrive, assura Simmeo.

Il raccrocha et se faufila de nouveau dans la salle de vente. *Deuxième mensonge*, convint-il en lui-même. Son cœur battait la chamade mais Boucheron et la rue Vermeil pouvaient bien patienter dix minutes, la vente du lot d'exception qu'il ne comptait rater pour rien au monde ne durerait pas plus, Simmeo l'aurait parié.

— Ce lot concerne l'armure Gomai Atomune-Do complète, annonça l'expert.

Immédiatement, le léger brouhaha cessa et tous les yeux fixèrent la superbe parure. Le casque *kusazuri* en fer patiné avec seize lamelles à rivets saillants et recouvert de cuir provenait de l'atelier Kaga. L'ensemble, de la seconde moitié de l'époque Edo, était lacé en sugake bleu. Un véritable joyau que Simmeo avait eu le privilège de toucher lors de l'exposition.

Le commissaire-priseur annonça la mise à prix :

— Deux cent mille euros...

Un frisson envahit la salle.

Il y avait une majorité de collectionneurs asiatiques. Comme le policier s'en doutait, les enchères furent d'une rapidité foudroyante : en à peine huit minutes, le lot passa à six cent quatre-vingt mille euros. L'acquéreur était un Japonais d'une soixantaine d'années que Simmeo n'avait jamais vu auparavant. Pas plus que la femme à ses côtés, discrète et en retrait ; elle avait un peu l'air de s'ennuyer mais faisait bonne figure.

Voilà ce qu'il s'était dit en observant l'énigmatique Japonaise.

Malade en voyage
Mes rêves parcourent seuls
Les champs désolés

Kinsaku Matsuo (1644-1694), dit Bashō
(芭蕉 signifiant « Le Bananier »),
figure majeure de la poésie classique japonaise,
fils de samouraï.

IGA, PÉNINSULE DU JAPON

Masamune Yakunari n'avait pas imaginé qu'il mourrait sous la neige. En vérité, il ne l'avait pas *décidé* et c'était bien ce qui le contrariait le plus en cette heure fatidique. Lui qui avait dirigé plusieurs centaines d'employés durant sa vie professionnelle, lui qui était habitué à être obéi au doigt et à l'œil, à maîtriser ses faits et ses gestes – ceux des autres, surtout – se trouvait pris au dépourvu par les flocons. C'était stupide, presque grotesque, de vouloir crever sous la canicule puisque le froid l'emportait toujours lorsqu'il s'agissait de faire du tort, pourtant chaque fois qu'il avait rêvé sa mort, Masamune avait visualisé un soleil crépusculaire. La neige faisait partie de son enfance, il l'avait fuie à quatorze ans, saturé de ce climat qui rend la vie dure et le froid piquant.

Soixante-sept ans, originaire d'un village niché au pied du mont Kasagi, ce criminel en col blanc était un descendant de la lignée des samouraïs formés par Kamiizumi. Aujourd'hui encore, son grand-père continuait de transmettre le Yagyu Shinkage-ryû, l'école de sabre la plus importante du Japon. Le vieil homme avait plus d'un siècle et la sagesse le pérennisait. C'était à Iga, petit village niché dans la montagne, que les aïeux de Masamune s'étaient installés au XVIIe siècle, bâtissant dès lors leur réputation de sabreurs. En hiver, dès les premières chutes de neige, les voies d'accès aux *kakurezato*[1], ces villages protégés de tous côtés par des montagnes abruptes, devenaient uniquement accessibles par des défilés étroits, creux et obscurs. Sans doute toutes ces particularités d'Iga avaient-elles participé au désir d'évasion solaire de Masamune.

Plus bas, le fleuve Kizu et ses affluents coulaient vers le sud et l'ouest, dessinant une frontière entre les préfectures de Kyoto et de Nara. À quelques encablures, le village de Yagyû-Mura abritait des familles de yakuzas spécialisés dans l'art de l'espionnage, des

1. Dès le commencement de l'histoire du Japon, les *kakurezato* se révélèrent de parfaits refuges pour les samouraïs. Dans ces villages hors du temps qui garantissaient sécurité et tranquillité, de nombreuses familles se réunirent.

actions secrètes et des trafics juteux. C'était dans ce *kakurezato* que Masamune avait atterri au gré d'une fugue adolescente, puis intégré le bas de l'échelle du clan Santoka, l'un des plus puissants du pays.

Il avait plus tard rejoint Kyoto. Le respect, le dévouement et la confiance toute bouddhiste que Masamune avait en son chef ressemblaient à ceux qu'il avait éprouvés pour son maître de sabre lors de son apprentissage samouraï. Parfois, ses nuits étaient peuplées des fantômes de son village d'enfance, de ses combats de jeune guerrier. Au réveil, il les balayait. En devenant yakuza, il avait choisi de trahir ses origines et, ainsi, d'incarner un certain art de la transformation. Il n'avait jamais remis les pieds à Iga, pour lui le passé n'existait pas. Masamune estimait qu'envoyer deux fois par an de l'argent – beaucoup – à ses parents afin qu'ils pourvoient à l'éducation de ses frères permettait de s'acheter une mémoire neuve à défaut d'une bonne conduite.

Assez rapidement, ayant gagné la confiance de l'Oyabun Naoko Santoka, il rejoignit Tokyo afin d'y prendre la tête du secteur des jeux, de la drogue et de la prostitution.

En tant que yakuza, Masamune resta toujours fidèle au code d'honneur du clan qui l'avait adopté. Cependant, en tant que samouraï, il continua de respecter la rigueur du code bushido. Cette complémentarité antinomique fut sa force, favorisant un tempérament aussi docile qu'hargneux qui lui permit de gravir les échelons de la hiérarchie mafieuse. D'homme à tout faire discret, austère et loyal de la famille Santoka, il devint le Wagashira de l'Oyabun, son plus fidèle lieutenant, son bras droit en quelque sorte, provoquant jalousie et fourberies de certains.

Tout avait un prix.

Plusieurs tatouages, un doigt en moins et quelques années plus tard, Masamune était devenu le plus proche conseiller de Naoko Santoka, chef suprême du clan.

Mais on ne peut pas renier son sang, il faut vivre avec : Masamune Yakunari avait un goût pour le désespoir, doublé d'une recherche esthétique un brin morbide. Il souhaitait que sa mort, selon le rituel du *seppuku*, soit d'une mise en scène implacable[1].

Il avait longtemps imaginé la démesure du geste, maintes fois répété la fureur sous le masque de l'impassibilité. Aujourd'hui, en bon samouraï que Masamune restait, le moment était venu pour lui de tirer sa dernière révérence.

Il avait appris la semaine précédente qu'il était atteint d'un mal incurable, ses jours étaient comptés, l'oncologue avait été catégorique. Masamune avait aussitôt mis en ordre ses affaires – qui l'étaient déjà parfaitement –, rencontré son notaire afin de valider son testament – pour la énième fois –, prévenu son Oyabun de sa décision d'en finir. Ce n'était pas la

1. Symboliquement, l'éventration avait pour but de prouver la sincérité et la loyauté du samouraï, puisqu'il était capable par cette forme de courage suprême de mettre son cœur à nu.

première fois que Masamune présentait sa démission à son chef, c'est pourquoi ce dernier ne l'écouta que d'une oreille.

Ensuite, sans prévenir personne, Masamune rejoignit Iga.

Pour l'harmonie du lieu et des souvenirs qu'il en émanait, il voulait revoir les paysages de son enfance qu'il avait toute sa vie remisés dans les ténèbres mais qui continuaient de peupler ses errances.

Il voulait y mourir.

Le rituel du *seppuku* se pratiquait en kimono, Masamune l'avait choisi neuf.

Le rituel imposait un *kaishaku,* Masamune avait demandé à son ami Monshi, expérimenté et excellent sabreur, de l'assister dans son cérémonial d'adieu : chargé de couper la tête, le *kaishakunin* avait le devoir d'écourter la douleur du samouraï et non d'en ajouter. Il ne s'agissait pas d'utiliser le sabre mais d'être le sabre.

Méticuleux jusqu'à l'obsession, Masamune s'appliqua à respecter les codes et l'esthétique de la cérémonie : il se dévêtit, plia ses vêtements avec un soin extrême comme s'il partait prendre une douche, les rangea dans un coffre après en avoir sorti l'épais kimono de lin blanc cassé qu'il enfila, une ceinture de soie immaculée ainsi qu'une paire de chaussettes traditionnelles, les *tabis*. Il posa devant lui deux sabres : un *kusungobu* à lame courte dont la *tsuka*[1] rouge

1. Poignée des armes blanches japonaises.

reflétait une imperceptible lueur de sang ; un *katana* plus long rengainé dans sa *saya* de bois vermillon laqué, superbe fourreau, cadeau de son maître zazen. Masamune n'oublia pas de déposer une fiole remplie de saké avec deux coupes en laque.

Il enfila ses *tabis* puis s'agenouilla sur les tatamis bordés de gris en position de *Seiza* : les fesses appuyées sur les talons sur un coussin blanc, il était ainsi « posé sur les reins », l'estomac s'ouvrant naturellement au monde. Il avait la lame de son *kusungobu* sur la cuisse droite, manche légèrement de biais, pointe orientée vers l'est. Il posa devant lui une feuille de papier de riz sur laquelle était écrit un poème qu'il avait lui-même rédigé. Le temps que son corps s'ancre au sol, faisant le vide dans son esprit, il resta un long moment immobile, genoux à peine écartés, mains posées sur les cuisses, épaules et cage thoracique ouvertes, ventre déployé en avant, dos cambré et tête haute. Il attendit que la douleur dans ses chevilles, ses hanches et ses articulations s'apaise ; que le fourmillement dans ses jambes se calme. Il attendit que sa respiration devienne un souffle ténu, son corps une masse inerte dans laquelle seul son cœur pulsait au creux du sternum. Il patienta, imperturbable, jusqu'à ce que le chuintement des flocons de la neige qui s'était remise à tomber s'évanouisse. Il devint un pin planté dans les tatamis, sentit ses racines métalliser le ciel, et cet instant prit soudain un goût d'éternité. Enfin, il se sentit à l'écoute de son corps, le regard rivé sur un point imaginaire.

Il saisit le flacon de saké, remplit les deux coupes. Son ami Monshi en prit une qu'il leva à hauteur d'yeux. Masamune fit de même, porta la coupe à ses lèvres, en but le contenu d'une seule et lente gorgée. Selon le cérémonial, il répéta trois fois le geste.

Alors, il inclina la tête, indiquant au *kaishakunin* que le rituel pouvait commencer.

En tant que samouraï de haut rang, Masamune enveloppa la lame de son *kusungobu* d'une étoffe traditionnelle : cela permettait de saisir la lame, considérée comme l'âme du guerrier, sans la toucher, la gardant pure.

Masamune se souvint soudain qu'enfant il avait assisté au rituel *seppuku* d'un aïeul. L'homme, guerrier de très haut rang, avait ouvert son kimono dans la phase finale pour laisser apparaître son ventre. De sa main gauche, il avait désigné sur son ventre le point d'impact supposé de la lame. Il avait fait le geste de planter le *tanto* puis le *kaishakunin* lui avait coupé la tête avant le contact, permettant à l'âme de s'élever vers le cosmos. C'était la première fois que Masamune assistait à un *seppuku* (officiellement interdit depuis 1868), il avait huit ans et vomi lorsque la tête avait roulé jusqu'à lui : les nerfs cérébraux n'étant pas encore totalement éteints, Masamune avait longtemps été convaincu que son aïeul lui avait adressé un clin d'œil, tel un appel au secours.

C'est à cela qu'il pensait lorsque, d'un coup d'un seul, comme s'il arrachait une mauvaise herbe, Masamune Yakunari planta son couteau dans son flanc. Il refoula l'impression d'étouffer, cligna des yeux. La véritable souffrance arriva avec la douleur lourde et pulsative, provoquant la sensation exacte – qu'il avait si souvent convoitée – de ce qui en était à l'origine : celle de sentir sa chair humaine tranchée par plusieurs centimètres d'acier trempé. Tandis que la lame acérée coupait ses veines et ses muscles pour mieux envahir sa tête et ses rêves, son esprit satura d'un épais brouillard. Il fouilla une nouvelle fois ses entrailles, remonta vers le cœur. Il savait qu'une artère déchirée avait tendance à se contracter, ce qui interrompait l'hémorragie. En revanche, lorsque l'artère était perforée proprement, le saignement restait continu. S'ensuivait une réaction chimique, entraînant la perte brutale d'ATP – ou adénosine triphosphate –, provoquant raideur et contraction des muscles. Parfois une seule entaille suffisait. Ce fut le cas pour Masamune. Lui qui avait passé sa vie à mimer la mort apportait aujourd'hui la preuve que répéter un geste garantissait la réussite de ses conséquences. Il n'eut pas le temps de se féliciter, lâcha son poignard, serra les poings : comme convenu, son fidèle lieutenant lui trancha la tête. Il s'agissait de stopper la douleur une fois que le samouraï avait fait preuve de son courage.

Masamune eut un spasme au moment de sa mort, la *rigor mortis* fut instantanée, il ne vit pas la couleur pourpre du sang imprégner la blancheur immaculée de son kimono parfaitement repassé pour l'occasion.

Respectant la tradition, le *kaishakunin* brisa la lame qui avait permis à l'âme de Masamune de retourner à la terre, emportant avec elle pas mal de secrets.

PARIS

La lumière blafarde ajoutée à l'odeur aigre de peur et d'urine contredisait sans complexe la vue magistrale sur la place de la Concorde ainsi que le luxe déployé dans la somptueuse suite de ce célèbre palace de la ville des Lumières. Le Pomelos. Vingt-deux étages de luxe et de sobriété en pleine capitale, un jardin de mille mètres carrés réservé aux clients de ce prestigieux établissement à deux pas des Tuileries, forcément tout le temps complet.

Décidément, la mort bouffait à tous les râteliers. Achille Simmeo le savait d'expérience.

Le cadavre, une femme au vu de la poitrine opulente et pointue moulée par la combinaison intégrale en latex, était étendu sur le dos, écartelé, les mains et les chevilles attachées aux pieds du lit. *Des seins siliconés,* paria Simmeo. La panoplie caricaturale d'une séance sadomasochiste qui aurait mal tourné n'échappa nullement au commandant, qui se garda de tout commentaire. *Trop tôt pour des conclusions définitives.* Un sac de plastique serré au cou par un large ruban adhésif gris recouvrait la tête. Au niveau du bassin, une vaste auréole tachait le drap.

Simmeo ne comprenait pas en quoi une combinaison intégrale en latex, cloutée de surcroît, pouvait susciter une quelconque excitation, et il n'avait pas envie de le savoir. Cette matière gluante comme une sangsue le débectait au point qu'il avait développé une sévère allergie. Forcément handicapant lorsqu'il s'agissait d'enfiler les gants de protection en latex, obligatoires sur une scène de crime. Afin de contrer ces démangeaisons intempestives, le policier veillait à toujours garder sur lui une paire de gants 10 % soie 90 % coton. Au pire des cas, un tube de cette pommade grasse miraculeuse qui l'empêchait de se gratter jusqu'au sang l'attendait toujours quelque part.

La dame avait dû passer deux plombes pour enfiler sa tenue. *Cela dit,* constata Simmeo, *vu son état actuel, elle n'aura pas besoin de l'enlever.* Le légiste s'y collerait, les policiers attendaient son arrivée d'une minute à l'autre.

Le commandant et les deux techniciens de la Police technique et scientifique (PTS) tournaient autour du cadavre. Il n'y avait aucune goutte de sang, ce qui faisait qu'à travers le masque d'adhésif les yeux exorbités avaient quelque chose de burlesque. Mais comme s'il ne s'était jamais rien passé, tout dans la pièce semblait avoir été rangé, organisé, nettoyé. *Une mise en scène, nous ne trouverons pas d'empreintes.*

Sur la table basse, des toasts séchés, un seul verre, une bouteille de vodka sibérienne à demi vide, une Beluga Gold Line 76.

— Putain ! s'extasia l'officier Calanques de sa voix nasillarde qui rappelait à Simmeo celle de Donald Duck. Il y en a vraiment qui ne s'emmerdent pas ! siffla-t-il, admiratif, en s'emparant de la bouteille avec sa main gantée.

— C'est-à-dire ? questionna Simmeo.

Il la tolérait parfois en cocktail dans du champagne, appréciait son amertume sèche uniquement mélangée aux bulles, mais devait bien admettre qu'il n'y connaissait pas grand-chose en vodka.

— Produite par la distillerie Mariinsky en Sibérie, Beluga Gold Line est une vodka encore assez peu connue mais très recherchée des connaisseurs.

Surpris par l'énoncé professoral et quelque peu déplacé du ton de Calanques, Simmeo se retint de sourire.

— Elle est distillée cinq fois à base de blé...

Il marqua un arrêt, avant d'enchaîner eut un mouvement de recul et une grimace comme s'il s'apprêtait à éternuer.

— ... Du blé malté fermenté naturellement sans ajout d'enzymes. L'alcool ainsi produit est alors mélangé à de petites quantités d'extraits de riz et de *rhodiola rosea*. La vodka qui en résulte est alors vieillie pendant trois mois pour la stabiliser et lui permettre de développer une belle texture.

— Merci, Calanques, le coupa Simmeo, pas franchement impressionné par l'exposé. Je suis très heureux pour toi mais ce n'est pas vraiment le propos.

Il enclencha son dictaphone et dicta : « Vodka Beluga Gold Line 76, un seul verre... »

— Et encore, je ne t'ai pas tout dit, continua Calanques.

Simmeo le fixa. Calanques, ravi de son effet, éparpilla soudain par terre le contenu du sac à main de la victime : des clés de voiture, un smartphone, un vaporisateur de parfum, huit cents euros en espèces. Aucun papier d'identité.

— L'assassin a voulu retarder l'identification, bougonna Simmeo.

— Certes.

Simmeo croisa les bras, ne voyant décidément pas sur quel terrain l'officier les emmenait.

— Tu vois, en principe la bouteille de cette Beluga est toujours fermée avec un bouchon en bois recouvert de cire. C'est ce qui lui donne sa douceur et les notes discrètes de vanille et d'agrumes... Mais surtout, Gold Line est vendue avec un marteau pour casser la cire autour du bouchon et une petite brosse pour nettoyer la bouteille.

Simmeo se figea, comprenant enfin où voulait en venir son collègue : il n'y avait ni marteau ni brosse, quelqu'un les avait emportés et sans doute était-ce la même personne qui avait dérobé le second verre. Ça en racontait sur la personnalité du tueur. La préméditation prenait forme.

Denis Calanques, que Simmeo appréciait pour sa fidélité, avait la fâcheuse habitude de s'habiller comme un agent de change et, malgré son informe combinaison blanche de protection, Simmeo imaginait son costume rayé.

— Pas impossible, acquiesça le commandant sans quitter des yeux le ruban adhésif. L'hôtel a peu de renseignements sur la victime, affirma-t-il avant d'immédiatement enchaîner, pointant les deux extrémités du ruban adhésif : Et ça ? Qu'est-ce que tu en dis ?

Calanques, naturellement opaque à tout signe ostentatoire de démonstration, avait un tic que Simmeo décryptait : lorsqu'il se bouffait la lèvre, cela voulait dire qu'il réfléchissait. À l'observer se la mordiller jusqu'au sang, Simmeo lui donna un indice.

— Les deux extrémités sont collées sur la nuque...

L'enfoiré. Je suis certain qu'il est resté là à la regarder mourir, se retint de préciser le commandant. Comme s'il avait lu dans ses pensées, Calanques amorça un sourire.

— Le type qui a fait ça n'a pas eu peur d'affronter le regard de la victime, fit-il avec une pointe d'incertitude.

— Très bien, Calanques, très bien, répondit Simmeo. Tu progresses, ajouta-t-il pour détendre l'atmosphère.

— Très romantique ! claironna soudain le légiste en faisant son entrée.

Hugues Templard avait une cinquantaine d'années, des yeux bleus translucides et un sens de l'humour décapant. *Pas le plus mauvais,* songea Simmeo en le saluant d'un hochement de tête. Templard eut un large sourire, comme si rien n'était plus charmant à ses yeux qu'un cadavre, coupant net l'extrémité des liens noirs qui reliait au lit les poignets et les chevilles. Simmeo compta que celui qui avait attaché la défunte avait fait trois tours serrés.

Avec une facilité qui déconcerta le policier, Templard procéda à la découpe de la combinaison. L'homme, aguerri à la folie humaine, était très calme. Tout juste écarquilla-t-il les yeux en découvrant qu'il s'agissait non pas d'une femme mais d'un homme transgenre.

— Putain, marmonna Calanques, un transsexuel !

Templard fit une série de photos générales, puis de détails ; tout en parlant dans son système enregistreur, il virevoltait autour du corps, cherchant le meilleur angle pour ses clichés. Le cadavre était allongé sur le dos, la tête légèrement tournée sur la droite.

— Alors Maurice, qu'est-ce qu'il nous est arrivé ?

Templard avait pour coutume d'affubler de prénoms plus ou moins grotesques et affectueux ses cadavres, Simmeo y voyait une manière comme une autre de se les approprier.

Les poignets et les chevilles tuméfiés, lacérés, couverts de sang séché indiquaient qu'elle – enfin, il – s'était débattue. Les liens avaient entamé les chairs. Cela témoignait de la rage et de la violence à vouloir se libérer. Le sac plastique avait une ouverture, insuffisante puisque le visage était violacé, signe d'asphyxie. Simmeo avisa un rubis bordé de huit brillants à l'auriculaire droit, un solitaire à l'annulaire gauche, une alliance. Les ongles étaient légèrement cyanosés. Simmeo poussa un profond soupir de dépit : les apparences confirmaient un jeu érotique qui aurait mal tourné, pourtant le policier sentait que l'affaire puait la mise en scène d'un règlement de comptes. *Un classique*, songea-t-il. Il ordonna à Calanques de recueillir le témoignage de la femme de chambre qui avait découvert le corps ; pour l'heure, la dame, originaire d'Amérique latine selon toute vraisemblance, restait blême en dépit des trois sucres mentholés qu'elle venait d'avaler.

Simmeo rejoignit la réception du palace. Malgré la tragédie qui s'était déroulée au huitième étage et le cadavre qui gisait dans une des plus prestigieuses suites, le personnel restait de marbre, impassible et professionnel. La rumeur avait été contenue, les clients prenaient leur petit déjeuner continental sans se douter que la faucheuse avait œuvré, et le directeur de l'hôtel, un homme d'une cinquantaine d'années, placide et élégant, accueillit Simmeo dans son bureau. Le policier remarqua que le bonhomme maîtrisait comme il le pouvait sa transpiration.

— Je n'ai jamais vu une chose pareille, monsieur le commissaire, assura le manager.

Simmeo ne le corrigea pas, il avait déjà constaté combien l'imaginaire collectif aimait se sentir entouré d'un commissaire plutôt que d'un commandant. Le cinéma et les séries télé, notamment, entretenaient le mythe : *Rien ne sert de lutter,* se dit Simmeo, *Maigret est une légende urbaine.* Préférant se montrer efficace, le policier se concentra sur les questions d'usage.

Contrairement à ce que les éléments récupérés sur la scène de crime laissaient présager, la victime était ici connue comme le loup blanc. Elle se prénommait Olivia Chavert, avait ses habitudes, exigeant chaque week-end la suite 864.

Simmeo récupéra les bandes vidéo du palace mais, avant qu'il n'ait le temps de s'enquérir de la liste du personnel et des clients présents, le directeur reçut un appel et leur entretien tourna court : au cinquième étage, une cliente était victime d'un malaise et le Samu risquait d'inquiéter les touristes. Le manager, dont la présence rassurante ne faisait aucun doute, rejoignit le hall d'accueil. Simmeo lui emboîta le pas. Il avait dans l'idée de profiter de cette situation de crise pour se faufiler dans les couloirs de l'hôtel : rien ne valait l'orage et le tonnerre pour s'imprégner d'un lieu.

Chaque niveau semblait dédié à un thème floral et les couleurs pastel des peintures murales s'accordaient à merveille à la douceur ambiante et minérale. Des sculptures modernes de femmes opulentes trônaient devant les ascenseurs, Simmeo ne put s'empêcher de les toucher. Il croisa quelques membres du personnel dont la politesse et la discrétion lui rappelèrent les moines qu'il avait côtoyés lors d'une retraite silencieuse – une expérience à laquelle il s'était prêté plusieurs années auparavant et qu'il avait appréciée.

C'est alors qu'au cinquième étage, dans une des chambres donnant sur le jardin intérieur du palace, le policier tomba sur les secouristes en pleine réanimation. Aucune impression de panique, nul signe de tension, les gars étaient des pros. Il reconnut l'un d'eux, Fabrizio, un ambulancier urgentiste que Simmeo rencontrait régulièrement depuis plus de quinze ans sur les scènes de crime. En quinze ans d'exercice, la mort avait créé des liens de camaraderie. Simmeo gardait en mémoire une fusillade en pleine rue à laquelle il avait miraculeusement échappé grâce à la réactivité de l'intervention de Fabrizio. Tout en vérifiant l'écran LCD du défibrillateur qu'il était en train d'activer, l'urgentiste opina du chef en direction de Simmeo afin de lui signifier qu'il l'avait vu. Le policier s'approcha sans bruit et le spectacle qui s'offrit à lui le saisit : une femme, buste dévêtu englouti par les électrodes, visage avalé par le masque de réanimation, était allongée par terre, sur le dos et sans aucune réaction. Le collègue de Fabrizio ne cessait de motiver la victime.

— Vous êtes toujours là, madame? Vous m'entendez?

Aucun signe que l'on aurait pu interpréter comme un quelconque élément de réponse n'émanait de son corps inerte. *C'est fou comme on peut se retrouver à la merci d'inconnus*, constata Simmeo sans lâcher des yeux la femme inanimée.

— Qu'est-ce qui s'est passé ?

Fabrizio, aguerri à faire plusieurs choses en même temps, garda les yeux sur son écran en expliquant :

— Elle a perdu connaissance.

— On est en train de la perdre. On est en train de la perdre...

Le réceptionniste de l'hôtel intervint :

— Elle souffrait de violents maux de ventre mais ne voulait pas appeler de médecin. Elle était inquiète pour son mari, ne parlait que de lui, voulait que la police parte à sa recherche. Elle s'est ensuite évanouie avant de revenir à elle et être prise de... de violentes nausées.

— Des nausées comment ? Elle a vomi ?

Comme s'il craignait de dire un gros mot, le jeune réceptionniste hocha la tête en guise de réponse.

Souvent, les victimes de malaise revenaient brutalement à la vie, dans un sursaut presque comique. Simmeo gardait en mémoire la fois où un vieux routard du grand banditisme avait été victime d'un infarctus en pleine cavale. Son état franchement critique n'aurait pas permis de parier sur son retour. Pourtant, contre toute attente, le gaillard avait repris du poil de la bête d'un coup d'un seul, dans l'ambulance qui le conduisait à la morgue. Cette résurrection avait été si inattendue, presque improbable, que les deux infirmiers, ébahis et totalement prostrés, avaient regardé le ressuscité sans parvenir à empêcher sa fuite. Le bonhomme avait sauté du véhicule avant de se noyer dans la foule.

Fabrizio augmenta le choc biphasique, la victime n'eut aucune réaction.

Ça avait l'air sérieux.

— Pas banal, marmonna Fabrizio en poussant un peu plus les joules.

Son engin émit plusieurs bips, l'écran bleu et l'imprimante s'enclenchèrent alors que la femme avait un sursaut. Sa tête s'agita, le secouriste en charge du masque à oxygène le retira avec dextérité, la femme cherchait son air et pour l'aider l'urgentiste lui positionna sur la bouche et le nez un masque plus léger.

Simmeo avait eu le temps, malgré la brièveté de la manœuvre, de reconnaître les traits de la jolie dame asiatique croisée chez Drouot quelques jours auparavant, peut-être bien la veille. Sa pâleur tirait son visage, presque sans ride malgré son âge. Elle arborait un charmant petit dragon tatoué qui grimpait sous son omoplate.

Ensuite, comprenant que les urgentistes allaient devoir la déshabiller totalement pour l'enrober dans une couverture de survie, Simmeo se retira. Ce n'était pas parce que les gens étaient dans une position délicate qu'il fallait en abuser.

Est-ce dans le monde
déjà le temps des récoltes ?

Bashō (芭蕉).

TOKYO

Conscient de ses privilèges, Fukuoka avait choisi d'habiter à proximité de la ligne H, dans le quartier d'Akihabara, afin de gagner sans correspondance la station Hiroo, laquelle desservait son lieu de travail. Ce choix lui permettait de limiter son temps de trajet, un luxe dans cette ville tentaculaire qui l'avait vu naître.

D'un abord familier et sans détour, c'était un homme de taille moyenne d'une trentaine d'années de type eurasien. Comme son père, il avait la peau du visage crevassée par des eczémas répétés, les cheveux noirs et drus, les yeux en forme de demi-lune. Il tenait en revanche de sa mère bretonne le bleu indigo qui les caractérisait et en faisait tomber plus d'un.

Son homosexualité était un secret de Polichinelle, si le sujet restait tabou il n'était plus depuis belle lurette un problème. Pour entretenir le mythe et intensifier son regard, Fukuoka portait exclusivement des chemises d'une teinte violine, déclinée sous toutes ses coutures. Celle d'aujourd'hui était en soie unie, d'un ton plus soutenu que sa cravate livrée la veille. Fukuoka faisait ses emplettes sur la Toile, s'économisant ainsi la cohue des centres commerciaux, véritable corvée qu'il avait un jour pris la décision de rayer de sa vie comme une impasse d'une carte.

Pas mal, s'était-il dit en la nouant quelques heures plus tôt devant son miroir. Son dressing avait beau regorger de dizaines de cravates, il ne parvenait pas à mettre un frein à ses achats compulsifs. Chacune de ses acquisitions était liée à un choix très précis dont il était le seul à connaître la signification particulière. Elles étaient en quelque sorte les dates de son calendrier mental et intime.

Chaque matin, après le passage obligé au contrôle, il franchissait la porte de son bureau à 7 heures. Il n'avait aucune prérogative lui intimant d'arriver si tôt, mais plutôt le besoin impérieux de ce temps suspendu afin de se concentrer avant d'attaquer sa journée. Il jeta un coup d'œil à sa montre, par réflexe bien plus que par nécessité : Fukuoka aimait trop la ponctualité et, encore plus qu'elle, la rigueur indispensable à son accord pour y déroger. Homme de manies et d'habitudes plus que de convictions et d'ambitions, Fukuoka était un *salaryman* idéal, discret et affable. Son travail à la section consulaire de l'ambassade de France n'avait rien de glorieux mais il s'en contentait. À bien y réfléchir, ce n'était de toute façon pas la gloire qui payait son budget cravates.

C'est en allumant son ordinateur que son regard fut attiré par une masse informe, de l'autre côté de la baie vitrée : la dernière tendance imposait que les bureaux soient transformés par un ingénieux système de cloisons transparentes (si propres que plusieurs personnes s'étaient cassé le nez contre la vitre). L'intimité sonore était préservée cependant que l'open space demeurait visuel. Malin et parfait pour satisfaire certains voyeurismes. En l'occurrence, Fukuoka se serait bien abstenu de la vision qui s'offrait à lui : la masse informe était celle d'un homme gisant à terre. Immédiatement, il se précipita, se pencha sur lui en le secouant, convaincu de le réanimer. Puis, après quelques secondes, un insecte s'envola de l'orifice d'une des oreilles. Alors Fukuoka comprit : le teint cireux, la rigidité... il venait de toucher un cadavre. Il pensa à sa cravate neuve et s'interdit de vomir.

En général, ce qui est éloquent, c'est le visage de la victime : parfois de la douleur, sinon de la peur. Dans le cas de ce mort, c'était surtout l'étonnement qui prédominait, cela frappa Fukuoka. Remarquant soudain des larves blanches aussi minuscules que rebutantes qui grouillaient le long des commissures des lèvres du cadavre, Fukuoka blêmit. Il ne parvint à en détacher ses yeux, sidéré de constater la rapidité avec laquelle le cycle de la mort donnait le premier tour de roue.

PARIS

La journée avait été brumeuse, froide – encore –, la nuit tombait maintenant avec un vent arctique. Simmeo se sentait courbaturé et fourbu. Au 36, la cour pavée glissait sous le givre. Le légendaire quai des Orfèvres était cerné par la Seine, il respirait l'humidité marine et les courants d'air propres à une petite île. Simmeo adorait ce sentiment privilégié. Il arborait certes un nom de famille typiquement corse, ses intimes – rares – n'ignoraient cependant pas qu'Achille avait été adopté à la naissance. Outre le fait que son père adoptif, Jean-Charles Simmeo, juge au parquet antiterroriste de Paris, avait coupé les ponts avec sa famille dès sa majorité et suite à l'assassinat de sa mère, Achille avait connu le sentiment insulaire sur le tard. Pour tout dire, il n'en gardait pas un souvenir impérissable. L'île de Beauté portait bien son nom, c'était indéniable. Cependant, si Achille ignorait tout de ses origines biologiques, il divaguait parfois : s'il ressemblait à ses lointains ancêtres, ces derniers avaient plutôt dû être vikings, durs à cuire, rompus aux conditions climatiques nordiques. Une certitude : Achille Simmeo portait peut-être bien un nom corse, pourtant il n'aimait pas particulièrement la chaleur suffocante de la Méditerranée, encore moins sa nonchalance si caractéristique. Non, vraiment, la folie des glandeurs ne lui convenait pas.

Il monta sans entrain les quatre étages, absorbé dans ses pensées.

La voix du capitaine Michèle Poirier le sortit de sa torpeur :

— Et toi ? Tu en penses quoi ?

Michèle Poirier, affectueusement surnommée PM à cause de ses initiales, mais pas uniquement. Il y avait *Police municipale* (la plus évidente) ; *Poids moléculaire* (elle était d'une maigreur insolite malgré les pots de Nutella qu'elle s'enfilait à la petite cuillère), *Post meridiem* (elle était connue pour être un oiseau de l'après-midi, voire de nuit) ; *Palm mute* (musicienne, elle appliquait cette technique de guitare consistant à étouffer légèrement les cordes avec la main droite) ; *Pour mémoire* lui allait également à merveille tant ses notes de synthèse restaient les meilleures du service ; pour finir, miss Poirier ressemblait plutôt à un *Péché mignon* : avec ses courbes parfaites et sa peau de bébé, la policière rappelait plutôt un fruit défendu.

Simmeo fronça les sourcils *J'en pense quoi de quoi ?* Comme si elle avait lu dans ses pensées, PM ajouta :

— Driant... Il est propulsé M. Sécurité du Président !

Driant, un ancien de la Maison, avait dirigé la Crime avant de se lancer dans la politique. Simmeo l'avait donc côtoyé. C'était un homme complexe et cassant aux ambitions féroces. À quelques semaines des prochaines élections présidentielles et d'un probable changement de gouvernement, Driant devait avoir d'excellentes raisons d'accepter ce remplacement temporaire qui puait le soufre, le prédécesseur en question ayant été mis à mal par une affaire financière. Tout cela tombait mal, juste avant le premier tour. Simmeo gardait le souvenir d'un homme déterminé et obstiné, si Driant s'engouffrait dans un tel marécage, c'était en connaissance de cause.

— Ravi pour lui ! mentit Simmeo afin de couper court.

L'affaire du transgenre le préoccupait : le réceptionniste de l'hôtel, si affable lorsqu'il s'était agi de relater les méandres de la richissime cliente japonaise, s'était révélé beaucoup moins prolixe au sujet du cadavre d'Olivia Chavert. Simmeo le soupçonnait même de leur mentir, voire de leur cacher des preuves – comme certaines images de la vidéo de surveillance. Ils entrèrent dans leur bureau. La soupente réduisait l'espace, organisé comme dans une tranchée. Chaque recoin était savamment utilisé. L'écran d'un des ordinateurs, connecté sur une chaîne d'info continue, diffusait une bande-annonce d'un documentaire racoleur à venir : *Pour vous glisser dans la peau d'un président.* Apparemment, le sujet créait la polémique car les réalisateurs avaient usé de méthodes peu orthodoxes pour filmer leurs images. Une banquette défoncée trônait devant le nécessaire à café. Il y avait toujours une Thermos d'avance, un pot de Nutella ouvert et quatre cuillères disposées en étoile, prêtes à dégainer l'huile de palme. Des dossiers, des armoires brinquebalantes, un réfrigérateur qui contenait une bouteille de gin dans le freezer et un sac plein de citrons, la clé du coffre (dossiers brûlants en cours, armes de service) accrochée au mur dans une vitrine, elle aussi soigneusement verrouillée. Où se cachait le sésame? Dans un tiroir fermé à clé! La blague récurrente consistait bien sûr à feindre d'avoir perdu la clé du tiroir après l'avoir verrouillé.

Boucheron, leur chef de section, portait ses mitaines en peau de mouton (souvenir d'un périple au bout du monde) et une écharpe en cachemire : avec le prochain déménagement du service, le 36 tombait en ruine. Il n'y avait pas suffisamment de budget pour *et* construire les Batignolles *et* entretenir le futur ancien quai des Orfèvres. Entres autres, le chauffage était un jour sur deux en panne. Simmeo avait trouvé la parade afin d'éviter de se plaindre : il portait des sous-vêtements thermiques sous ses pulls. Forcément, avec ses chemises et ses costumes, Boucheron pouvait bien incarner l'élégance, face à la rigueur il ne faisait pas le poids.

— Il fait froid, c'est pas croyable, dit-il. On se croirait pas en mars, pas vrai? C'est pas normal.

— Dérèglement climatique, répondit Simmeo.

— Quelqu'un a une clope ? enchaîna le chef de section.

Calanques lui tendit son paquet.

— Tu as recommencé ?

— Uniquement dans les grandes occasions.

Simmeo alluma son briquet et Boucheron se pencha vers lui. Il sentait l'after-shave bon marché.

— Le mariage du transgenre est un partenariat financier. Sexuellement, lui s'adonnait à de jeunes pubères tandis que madame préfère l'échangisme plus classique.

— Lalande n'est toujours pas revenu ?

En tant que procédurier, Lalande se trouvait à l'Institut médico-légal. L'autopsie du cadavre du palace avait débuté à 15 heures.

— Le toubib est à la bourre mais Bertier m'a confirmé par SMS que la thèse d'un jeu sexuel qui aurait mal tourné se confirme.

— Moi, j'ai un souci avec le réceptionniste de l'hôtel.

Achille expliqua ses suspicions, démonstration à l'appui : la vidéo transmise par l'hôtel avait été habilement coupée puis remontée. Un détail avait attiré l'œil de Simmeo : la différence de l'ombre entre deux plans successifs trahissait l'artifice du montage. *Erreur d'amateur.* Calanques se servit un café.

— Il couvre le meurtrier ?

— Pas impossible. Ou alors le directeur de l'hôtel, au courant de ce qui se passait dans les coulisses de son établissement. Ce qui implique qu'il pourrait être complice.

— Complice de quoi? interrogea Calanques en ajoutant un sucre.

— D'un trafic sexuel incriminant des mineurs et dans lequel les hautes sphères de la capitale tremperaient par exemple.

Calanques remua son café sans se départir d'une mine sceptique.

— On reste calme et surtout sur terre! intima Boucheron.

— Tu imagines le scandale?! relança Poirier.

Simmeo opina du chef, c'était bien le problème avec les scandales : certains préféraient les étouffer dans l'œuf. Or, à deux mois des élections présidentielles, Simmeo savait bien que sa direction ne voulait pas de vagues. En revanche, subodorer que leur chef de section marchât dans la combine le désolait.

— Alors je fais quoi? On laisse tomber cette piste?

— On ne laisse rien tomber du tout. Tu fais ton boulot mais pas d'élucubrations hâtives.

Puis, se tournant vers la jolie capitaine :

— Poirier, dès que Lalande revient de son audience, tu retournes au palace avec lui et vous me démêlez cette histoire de vidéo manquante.

Le chef de section posa soudain un dossier sur le bureau de Simmeo. Ce dernier se pencha pour lire CAPRIT-MANGIN, noms de deux étudiantes retrouvées égorgées sur leur campus. L'affaire, irrésolue à ce jour, datait de plus de six ans.

— La partie civile a prévenu qu'elle allait verser une nouvelle pièce au dossier, alors tu te replonges dedans.

Simmeo retint un sourire : *Sûr qu'avec un cold case je ne risque pas d'élucubrations hâtives...* Il n'était pas dupe : son chef l'écartait habilement de l'enquête du transgenre.

— Pas de problème.

Sans le regarder, Simmeo passa devant Boucheron pour se servir un café. Le téléphone que le chef ne quittait jamais vibra dans sa poche : le procédurier. Boucheron décrocha, écouta un moment. Au fur et à mesure que son interlocuteur lui parlait, sa mine devenait de plus en plus grave. Apparemment, il y avait un problème du côté de l'autopsie. Soudain blême, il s'exclama :

— Comment ça, le toubib a reçu l'ordre de ne pas disséquer le corps de la donzelle ?

Simmeo et Poirier échangèrent un regard entendu : décidément ce dossier était capricieux. Ça finissait par en devenir contrariant.

— OK. Je vais voir avec le patron. Tu files au palace, Poirier t'attend sur place, elle t'expliquera.

Il raccrocha. Simmeo, Poirier et Calanques restaient cois, tout le monde avait compris que l'affaire dérangeait dans les hautes sphères.

Soucieux, comprenant que quelque chose se tramait au niveau de sa direction, Boucheron sortit du bureau de ses équipiers pour aller s'enfermer dans le sien. Il en avait assez de n'être jamais mis dans la confidence par ses supérieurs. Il passait pour un imbécile auprès de ses hommes, cette posture desservait son autorité.

Calanques ne s'attarda pas : la fiche de synthèse que lui avait commandée Boucheron exigeait qu'il se rende au plus tôt au laboratoire scientifique. Cinq minutes après l'algarade entre Boucheron et le procédurier, le capitaine Poirier avait avalé en silence la moitié du pot de Nutella.

— Je file, prononça-t-elle, la bouche encore pleine.

Enfin seul dans leur bureau commun, Simmeo s'étira, fermant la porte avec ses pieds. Une affiche révélait le code moral du judo, que Simmeo continuait de pratiquer.

La politesse
C'est respecter autrui
Le courage
C'est faire ce qui est juste
La sincérité
C'est s'exprimer sans déguiser sa pensée
L'honneur
C'est être fidèle à la parole donnée
La modestie
C'est parler de soi-même sans orgueil
Le respect
Sans respect aucune confiance ne peut naître
Le contrôle de soi
C'est savoir taire sa colère
L'amitié
C'est le plus pur des sentiments humains

Chacun avait ses habitudes. Les siennes consistaient plutôt en une multitude de petites manies. Il commençait par la lecture des télégrammes émis par la Direction régionale de la police judiciaire de la préfecture de police (DRPJ Paris). Cette mayonnaise interne à tous les policiers de la capitale et ses départements limitrophes condensait les actes criminels de chaque département français, DOM-TOM inclus. Simmeo fit défiler sur l'écran les informations criminelles. Certaines ne contenaient que quelques lignes, d'autres affichaient un curriculum plus complet. Rarement, lorsqu'une victime n'avait pas encore été identifiée, il y avait la photo, comme un avis de recherche. Le regard de Simmeo fut attiré par un cliché de mauvaise qualité que jouxtaient trois lignes lapidaires. Il agrandit l'image du visage : le cadavre avait subi plusieurs chocs, il était salement tuméfié. Malgré cela, Simmeo ne s'était pas trompé : il avait reconnu le Japonais croisé chez Drouot. Il lut attentivement l'explication : dans le Val-d'Oise, sur la route forestière de Cormeilles-en-Parisis, un véhicule avait percuté de plein fouet un arbre à vive allure. Il y avait un homme d'origine asiatique à bord du véhicule. Le bonhomme était décédé lors de son transport à l'hôpital d'Eaubonne. Il s'appelait Mashaho Takanori. Simmeo se leva d'un bond, songeant à la dame qui l'accompagnait et qu'il avait trouvée inanimée dans les couloirs du palace. Il revit nettement le petit dragon sur son omoplate. Immédiatement, il contacta

Fabrizio, tomba sur son répondeur. Simmeo lui laissa un bref message, lui demandant de le rappeler.

Il appela Christian, un commandant du troisième district, celui du Val-d'Oise. Ils étaient de la même promotion, la trente-sixième, avaient fait leurs premières armes ensemble, à la brigade criminelle de Versailles.

Simmeo lui demanda quelques précisions sur l'accident de l'Asiatique.

— Je me rencarde et je te tiens au courant, lui promit Christian.

En attendant, Simmeo fit cracher à l'imprimante la photo de mauvaise qualité ainsi que le topo.

La lune émergeait peu à peu des nuages déchiquetés, son reflet glacial à la surface de la Seine était atténué par les spots des bateaux-mouches. Simmeo se laissa tomber dans son fauteuil, histoire de contempler le spectacle. Sentant qu'un papier se froissait dans la poche arrière de son pantalon, il souleva ses fesses, récupéra ce qui ressemblait à une enveloppe. Il la déplia. Il s'agissait d'une missive reçue une dizaine de jours auparavant en recommandé avec accusé de réception et qu'il avait totalement oubliée. En lisant le nom de l'expéditeur, *Office notarial*, il se souvint pourquoi il avait préféré reléguer ce postulat à son postérieur. Étant au clair dans ses dossiers administratifs personnels, il ne comprenait pas pour quelles raisons un office notarial le contactait. Achille ouvrit machinalement l'enveloppe, un bateau-mouche aveugla la lune, il déplia l'avis. Les mots écrits en gras et en majuscules brûlèrent ses yeux : AVIS D'UN ACTE SUCCESSORAL. À la ligne du dessous, une mention manuscrite indiquait un numéro et un intitulé de dossier : *Achille Simmeo / Erwan Leguennec.*

Simmeo lut une nouvelle fois, pas certain de comprendre pourquoi son nom côtoyait celui d'un inconnu.

Leguennec... Le policier avait une mémoire visuelle infaillible, jamais il n'avait lu ce nom de famille. Dans aucun dossier professionnel ni personnel. Le seul Erwan qu'il avait interrogé lors d'une affaire de mœurs plus de dix ans auparavant était mort pendant son procès.

Intrigué, Simmeo parcourut rapidement les quelques lignes dactylographiées. Les indications étaient succinctes mais limpides : Erwan Leguennec était le père biologique d'Achille. Il était mort, léguant ses biens à son fils. « Merci de bien vouloir prendre rendez-vous à l'étude indiquée pour lecture du testament. »

Abasourdi, Simmeo frotta ses tempes avec ses poignets. Il n'eut pas le temps de se délasser, son portable sonna, indiquant le prénom de son interlocuteur : Fabrizio le rappelait.

Erwan Leguennec, je n'ai pas de temps à te consacrer, dit-il en son for intérieur, roulant en boule la lettre du notaire. Il la lança dans la corbeille tout en décrochant son téléphone, puis attaqua bille en tête :

— Elle est devenue quoi, votre Japonaise ?

— Tu crois que j'ai le temps de me souvenir de chaque cas ?! s'amusa l'urgentiste.

Se tournant de nouveau face à la Seine, Achille remarqua que la lune jouait à cache-cache avec les nuages.

— Allez, fais un effort !... Tu en prends souvent des dames tatouées avec un dragon qui ont des malaises dans un palace ?

— C'est vrai, ça ne s'oublie pas. Figure-toi que ce n'est pas un dragon mais un caméléon et qu'elle en a d'autres...

— D'autres dragons ?

— Non, d'autres tatouages. Des caméléons... Tu m'écoutes ?

Non, Simmeo n'écoutait plus. Il pouvait bien avoir confondu un caméléon avec un dragon, tout avait été si vite qu'il n'avait pas vraiment détaillé la pauvre dame. Le seul mot *caméléon* lui avait rappelé le pendentif à l'effigie de cette étonnante bestiole que Chloé portait le jour de sa disparition.

— Ho, ho... Simmeo ? Tu es toujours là ?

Le commandant soupira.

— Je t'écoute. Elle a plusieurs tatouages en forme de caméléon, ça me fait une belle jambe, mais où se trouve cette charmante personne ?

— Pompidou, service trauma.

— OK.

Il marmonna quelques politesses d'usage, prêt à raccrocher.

— Tu ne veux pas son nom ? le coupa l'urgentiste.

Simmeo frotta ses paupières, le cumul des mauvaises nuits commençait à se sentir, il fallait qu'il se ressaisisse. Il vérifia le nom du cadavre japonais accidenté.

— Takanori ? hasarda-t-il.

— Bravo, Sherlock... Yuki Takanori, soixante-cinq ans.

Le même nom que l'homme retrouvé mort dans un virage du Val-d'Oise. L'instinct de Simmeo ne l'avait pas trompé.

— Entre nous... Elle ne les fait pas, précisa l'urgentiste.

— Entre nous, j'ai peur d'avoir une mauvaise nouvelle à lui annoncer... rétorqua le commandant de police.

La circulation était dense, depuis la fermeture de la voie sur berge le centre de Paris était régulièrement paralysé, attisant un peu plus l'humeur déjà massacrante des automobilistes. Simmeo se faufila entre les voitures afin de traverser la place Saint-Michel, emprunta la rue Hautefeuille puis s'engouffra dans la station Odéon.

Il détestait les hôpitaux en général, Georges-Pompidou en particulier : sa localisation au fin fond du sud-ouest parisien était, selon lui, une hérésie.

Une heure plus tard, Simmeo s'engouffrait dans l'impressionnant complexe. L'architecte avait sans doute été inspiré par le Stade de France : l'étagement progressif des neuf bâtiments modernes organisés autour d'un patio central et le toit en verrière de la rue piétonne qui traversait l'hôpital laissaient pénétrer la lumière du jour. *Certainement efficace par beau temps,* convint Simmeo. Pour l'heure, la pluie tombait, emportant en nuée les tourments des visiteurs.

Simmeo n'était pas au bout de ses peines : l'hôtesse de l'accueil central s'agita lorsqu'il montra sa carte professionnelle. Crispée sur son ordinateur, elle assura d'abord qu'aucune patiente du nom de Takanori n'avait été admise. Simmeo insista sans se départir de son calme. L'hôtesse prenait sur elle pour ne pas l'envoyer paître, téléphonant dans plusieurs services pour savoir si l'un d'entre eux hébergeait Mme Takanori. Soudain, elle griffonna frénétiquement cinq lettres majuscules et trois chiffres. Au final, elle leva son visage écarlate en tendant le bout de papier au policier.

— Elle est en oncologie, c'est pour ça que je ne la trouvais pas, s'excusa-t-elle.

Simmeo écouta attentivement les indications puis, avec l'impression de devoir affronter un labyrinthe, il s'éclipsa.

Le professeur Parapport, un grand type austère en blouse blanche, indiqua les résultats d'un mouvement du menton.

— Je n'ai jamais vu une chose pareille, lieutenant Misseo...

— Simmeo. Commandant Achille Simmeo.

Le scientifique, concentré, n'eut aucune réaction.

— Les cellules cancéreuses prolifèrent à la vitesse de l'éclair. Son cancer se propage tellement rapidement qu'il a atteint le seuil terminal en quelques heures.

Le récit du médecin glaça le sang du policier : Yuki Takanori avait été admise pour un malaise et voilà que la dame se retrouvait en soins palliatifs quelques heures plus tard, atteinte d'un fulgurant cancer du foie qui avait ravagé en un rien de temps son métabolisme. Sous morphine, elle dormait et personne ne pouvait dire quand elle se réveillerait. Simmeo n'ignorait pas qu'un cancer était toujours pernicieux, de là à vous tuer en quelques heures...

— Mais... elle se réveillera ? demanda Simmeo qui n'avait jamais entendu un tel récit.

— Nul ne le sait.

Le phénomène était tout de même intrigant.

— Je ne comprends pas... Elle souffrait depuis combien de temps, selon vous ?

— C'est ce que je viens de vous expliquer, lieutenant. Elle n'a pour ainsi dire pas souffert, tout a été trop vite. Avant-hier, ses globules étaient sains. Aujourd'hui, ils sont tous gangrenés.

Simmeo avait du mal à comprendre mais opina du chef, histoire de montrer sa bonne volonté. Plongé dans les nombres affichés par les résultats d'analyses toxicologiques, le professeur Parapport tapota l'une des lignes puis ajouta, se parlant à lui-même :

— Le plus étrange, ce sont ces traces de césium 137...

Soudain fatigué, il s'enfonça dans son fauteuil.

— Je n'ai jamais vu une chose pareille... répéta-t-il, soucieux.

Simmeo sentit son portable vibrer dans sa poche. Il lut discrètement le nom qui clignotait sur l'écran : Calanques. Ses équipiers devaient le chercher partout, et il se leva. Avant de quitter les lieux, il remit son numéro de téléphone au professeur, le priant de le prévenir lorsque la dame se réveillerait.

— Comptez sur moi, lieutenant ! J'aurai déjà suffisamment à faire avec son état de santé, je vous laisserai volontiers le privilège de lui annoncer la mort de son mari...

Au 36, Boucheron l'accueillit, la mine préoccupée.

— Qu'est-ce que je peux faire pour toi ?

— Je sais pas, Jérôme. C'est toi qui m'as convoqué.

Boucheron se figea, puis sembla se souvenir qu'en effet il avait demandé à Simmeo de le rejoindre.

— Ah oui, excuse-moi.

Il souleva une pile de dossiers, cherchant quelque chose. Simmeo ne bougea pas, ne sachant s'il devait attendre que Boucheron prenne la parole ou anticiper, parler le premier.

— Ah, je l'ai ! s'exclama enfin Boucheron en s'emparant d'un document qu'il tendit à Simmeo.

Le commandant le prit, reconnaissant immédiatement l'en-tête de la médecine du travail.

— Tu signes là, lui précisa Boucheron en indiquant un registre.

Simmeo était convoqué pour la semaine suivante.

— C'est quoi, ces conneries ?!

— C'est pas des conneries. Ça fait dix ans que tu t'es pas fait réviser.

— J'ai pas besoin. Je ne suis jamais malade.

— Le problème n'est pas là. On s'en fout que tu sois pas malade. Le problème est que c'est o-bli-ga-toi-re. Alors tu signes, ajouta-t-il en rapprochant de Simmeo le registre et un stylo.

— Tu crois pas que j'ai autre chose à faire que d'aller pisser dans un bocal ? râla Simmeo en apposant sa signature sur le feuillet.

Dans ces moments-là, son chef lui donnait le sentiment d'incarner le symbole de la Crime : un chardon au printemps. Qui s'y frottait s'y piquait.

— Et n'oublie pas de te présenter, ça m'éviterait d'avoir à te coller un avertissement, le prévint Boucheron.

Simmeo se marra intérieurement : un avertissement ! Boucheron avait parfois la fâcheuse habitude de se prendre pour un maître d'école.

Les yakuzas se divisaient en deux principales catégories : les tekiya, majoritairement des vendeurs de rue et des petits escrocs ; les bakuto, qui à l'origine s'occupaient des jeux d'argent. Ils étaient devenus aujourd'hui des prêteurs sur gage, des recouvreurs de créance, des maquereaux et des hommes d'affaires corrompus.

TOKYO

Naoko Santoka était le parrain du plus vieux clan yakuza de la capitale nippone, formé à l'époque où Tokyo s'appelait encore Edo. Il aimait plagier l'ouverture de *The Godfather,* transformant avec une impayable mimique la légendaire scène italo-américaine en reproduction nippo-japonaise. *I believe in Japan.* L'Oyabun avait une passion pour cette trilogie et une nette préférence pour la deuxième partie dont il affectionnait la structure narrative. Mégalo pour certains, cinéphile pour les autres : toujours est-il que le patron de la pègre tokyoïte s'était offert la reproduction de l'affiche originale avec son visage à la place de celui de Marlon Brando.

Loin d'être atteint de sénilité, ce vieillard sec et austère pratiquait le golf, continuant de régner seul sur ses nombreuses et fructueuses affaires. Sauf quelques miettes, il n'avait jamais rien délégué de sérieux à aucun de ses lieutenants. Sa succession serait problématique, à la mesure de son empire tentaculaire.

Descendant d'une lignée de yakuzas, Naoko Santoka avait étudié avec passion la chimie – son père possédait de nombreuses cultures du pavot. Lui, Naoko Santoka, alors jeune diplômé, avait le premier synthétisé une héroïne pure à 98 %. C'était à l'époque la première fois qu'un chimiste parvenait à ce résultat. Dès lors, il avait noué des contacts avec la French Connection ainsi que Cosa Nostra, faisant entrer cette découverte dans l'histoire de la drogue puis dans celle de sa fortune.

De pure souche tokyoïte, âgé de quatre-vingt-neuf ans, Naoko restait l'un des rares natifs de la ville, un *Edokko*. Dire que ses ancêtres avaient permis au Japon de le rester et qu'il avait quant à lui fondé Tokyo entre tradition et modernité n'était pas une légende : l'Oyabun Naoko Santoka, avec sa gueule de travers à crever l'écran dans un thriller de Seijun Suzuki, avait toujours été et restait un visionnaire. Sa passion pour l'architecture, son patriotisme, son charisme : ayant en grande partie financé la ville et sa sécurité, le roi de la pègre se sentait intouchable, presque immortel, en tout cas parfaitement légitime d'estimer que Tokyo et ses habitants lui appartenaient. Si certains quartiers de la mégalopole continuaient de lui résister, l'Oyabun avait imaginé qu'à sa mort son Wagashira Masamune Yakunari prendrait la relève afin d'achever la conquête – et ainsi garantir le règne éternel du nom Santoka dans l'histoire des yakuzas.

Or, il avait appris la veille que le septuagénaire s'était donné la mort par *seppuku*. La loyauté de Masamune, son art tortueux de la comptabilité n'étaient pas étrangers aux succès des affaires de la famille Santoka.

C'était lui qui avait insufflé la méthode « toujours une affaire propre pour trois illicites », permettant aux Santoka de s'arroger la dépendance de nombreux puissants – des politiques ou industriels – et s'illustrer en conquérants aussi invisibles qu'invincibles.

C'était encore lui qui avait recruté les yakuzas qu'il avait infiltrés dans chaque domaine, étendant les alliances complices des Santoka – et par extension, leurs territoires.

L'Oyabun ayant perdu une de ses deux filles, il lui restait sa cadette – aujourd'hui âgée de soixante-cinq ans – comme unique descendante. Le mari de cette dernière, un homme d'affaires brillant, était le Shateigashira de Naoko, c'est-à-dire qu'il servait de relais entre les rangs inférieurs et le Wagashira. À la grande déception de l'Oyabun, ils n'avaient jamais réussi à avoir d'enfants. *Ma fille est délicate et ravissante, mais bien incapable de gérer les affaires. Mon gendre est cultivé mais superficiel. Ils sont trop gâtés et manquent d'ambition.* Naoko avait appris à ne pas surévaluer les liens du sang, forcément relatifs quand on parraine des escrocs. Le Santoka Gumi possédait une vision plus globale de la famille : il plaçait le mérite, le courage et les efforts avant toute génétique.

L'Oyabun Santoka, pour qui le Wagashira Masamune avait toujours tout planifié, calculé, organisé, n'avait en revanche pas anticipé que son fidèle bras droit mourrait avant lui. Il avait toujours réfuté cette probabilité, rejetant les propositions de démission de son conseiller en augmentant ses émoluments – les origines samouraïs de Masamune avaient développé chez l'homme un rejet de la luxure, de la possession outrancière et, s'il acceptait certaines augmentations, c'était pour les reverser à diverses associations caritatives.

Cette perte contrariait le vieil expert en trahisons, il était d'humeur exécrable et monta le son. Entre autres affaires, il possédait l'un des labels musicaux les plus riches du Japon. Le manager grassement payé chargé de repérer les tubes de demain avait obtenu l'exclusivité d'un chanteur français en vogue. La jeune star blonde à la gueule d'ange ne cachait pas sa passion pour le Japon, dont il vantait la beauté de la nature. Il avait carrément enregistré une reprise en japonais d'un vieux titre français qui avait dans les années 70 cartonné au pays du Soleil-Levant. Il appuya sur *repeat,* emballé par les arrangements sonores du morceau et la simplicité bucolique du clip diffusé sur l'écran géant de son bureau. Santoka avait toujours su flairer les coups juteux : il prit la décision de faire venir le beau *french lover* à Tokyo pour quelques dates de concerts et plateaux télé. *Il se dandine et moi j'empoche*, songea le mafieux en se remémorant les liens étroits que sa famille entretenait depuis des lustres avec la France. Dans les années 60, lui-même avait connu la grande époque des excès sur la Côte d'Azur, et s'il y avait bien longtemps que son arthrite l'empêchait de supporter les longues heures de vol jusqu'à Saint-Tropez, ses souvenirs lui tenaient compagnie et il s'en accommodait. À son âge, on n'avait plus à prouver quoi que ce soit, encore moins son endurance.

— Oyabun ?

Naoko Santoka sursauta lorsqu'il vit Kintaro. Trente ans, les idées aussi courtes que ses cheveux attachés en un élégant catogan étaient longs, le jeune *kobun* (rang le plus bas dans la hiérarchie mafieuse) inclina son buste en signe de respect.

— Quoi, encore ?! éructa-t-il en baissant le son à contrecœur.

— Quelqu'un souhaite vous voir, honorable...

— Qu'il prenne rendez-vous !

C'est alors qu'un homme de type caucasien, la mine contrariée, fit son entrée : Bernard Magma, la cinquantaine dynamique et ambitieuse, actuel ambassadeur de France à Tokyo.

Je l'avais oublié, celui-là... Le vieil homme japonais avait longtemps eu du mal à distinguer un Européen d'un autre Européen (sauf les femmes, desquelles il retenait surtout le rebondi des fesses). Le visage de Magma, grêlé et balayé par une cicatrice, rendait le diplomate inoubliable.

— Étant donné l'urgence de la situation, je pense que vous allez rapidement me remercier d'avoir passé outre la case de votre secrétariat... s'indigna le diplomate, agité par un tic.

Ce blanc-bec prend un peu trop ses aises... Il est temps que cette mascarade se termine.

Les aïeux de Santoka avaient toujours su tirer profit de la diplomatie française. Depuis le début de son règne, le parrain de la pègre tokyoïte avait connu la succession de plus de treize ambassadeurs. Sans exception, tous lui avaient fait allégeance, Magma en personne avait favorisé plusieurs trafics du clan. Santoka prit sur lui pour ne pas rembarrer le Français.

Depuis quelque temps, en matière d'excès et de risques, l'homme dépassait la ligne rouge. Santoka patientait en silence, convaincu que les prochaines élections présidentielles françaises charrieraient le remplacement immédiat de Magma. Les futures semaines seraient décisives, Santoka devait tenir.

Il se tourna vers Kintaro.

— Ferme la porte, s'il te plaît. Derrière toi, précisa-t-il.

Kintaro s'exécuta. Santoka invita l'ambassadeur à s'asseoir autour de la table basse en teck, sculptée à l'effigie du caméléon familial.

— Qu'y a-t-il de si urgent ? demanda le vieil Oyabun en servant un verre de thé à l'ambassadeur.

Les tatamis étaient durs, obligeant Magma à garder une posture droite.

— Le cadavre de Benkei Urimano a été retrouvé dans l'un des bureaux de l'ambassade...

Benkei Urimano était le garant des tripots clandestins tokyoïtes du Santoka Gumi, son clan. Il avait succombé dans l'un d'eux deux nuits auparavant. Un infarctus. Le corps aurait dû être évacué par l'issue habituelle. Des kabun avaient été missionnés. L'Oyabun réécouta le message que Masamune lui avait laissé cette nuit-là, assurant que, suite à l'intervention d'Okemi, un jeune Wakashu, *tout était réglé*.

Que fichait cet embarrassant cadavre à l'intérieur de l'ambassade de France ?

Naoko Santoka avait parfaitement pris la mesure de cette révélation, cependant il resta stoïque. Il avait appris à maîtriser sa nervosité, les heures hebdomadaires de méditation qu'il pratiquait depuis près de cinquante ans avaient fini par payer. Seul le fait de poser sa tasse trahit sa soudaine crispation intérieure.

L'Oyabun Santoka prit le temps de la réflexion, il était peut-être vieux mais non moins vivant, si certains oubliaient qu'il savait faire preuve d'autorité il allait prendre un malin plaisir à le leur rappeler.

— Paris n'est pas encore au courant, je préférais vous informer d'abord de la situation... précisa Magma, obséquieux.

Il marqua une pause, s'inclinant en signe de respect. L'Oyabun n'était pas dupe : ce n'était absolument pas par loyauté que l'ambassadeur l'avait prévenu en premier. C'était par strict intérêt. L'Oyabun devait bien reconnaître que le choix de cette manœuvre était habile. Magma reprit :

— Je ne vous cache pas que c'est un bordel dont je me serais bien passé, à quelques jours de la réception internationale que nous organisons...

Impassible, Santoka ne broncha pas.

— Vous savez ce que c'est, le bordel ? railla Magma.

— Oui, le *boldère*, c'est quand tout fout le camp...

Magma se retint de sourire. Santoka pouvait s'enorgueillir d'être polyglotte, de parler couramment le français, l'italien, le russe et l'américain, il ne parvenait pourtant pas à corriger une erreur de débutant : il prononçait à la japonaise certains mots français, inversant la phonétique du *r* et du *l*. Le fils de Magma s'amusait beaucoup de cette confusion, répétant chaque fois que son père l'interpellait : « Oui d'accol, Papa, je vais langer ma chamble. »

— C'est ça, c'est quand tout fout le camp, confirma l'ambassadeur qui avait retrouvé le sourire à la seule pensée de son fils, sa fierté.

Santoka opina du chef, plongé dans ses réflexions. À ce moment précis, la parrain ne ressentait pas Magma comme un problème. Le problème était ce mort. Encore un relié à son clan, le Santoka Gumi. Que signifiait cette épidémie ?

PARIS

Achille Simmeo ferma la porte derrière lui. Puisque son chef l'avait quelque peu écarté de l'affaire du transgenre et qu'il avait expédié le dossier du cold case, le commandant avait tout son temps.

— Ça fait un bail ! s'enthousiasma Christian, son collègue du troisième district.

Christian avait la particularité d'être un homme aussi droit que linéaire, toujours d'humeur égale. Il faisait partie de ceux qui *avaient été là* pour Achille dans sa traversée du désert. Christian savait l'intuition et l'acuité d'Achille infaillibles, c'est pourquoi lorsque le commandant de la brigade criminelle lui avait demandé des renseignements au sujet de l'accident de la route impliquant l'homme d'origine japonaise Mashaho Takanori retrouvé mort, le policier du Val-d'Oise n'avait pas hésité à lui proposer de le rencontrer.

Il fit glisser sur son bureau le dossier de la victime, Achille ne l'ouvrit pas immédiatement.

— En gros ?

— En gros, ça sent le classique. Le type avait trop bu.

— Le doc te l'a confirmé ?

— Non, il est débordé, l'autopsie aura lieu demain. Quant aux analyses toxicologiques, le labo est en grève, il ne traite que les urgences, inutile de te dire que ça risque de prendre un moment...

Achille leva les yeux au ciel : *Inutile, en effet.* Il se pencha sur le dossier, l'ouvrit finalement puis commença la lecture du PV de l'accident. À première vue, un grand classique.

— En revanche, il y a quelque chose qui peut sans doute t'intéresser, précisa Christian en tirant sur sa cigarette électronique.

Il lui tendit une enveloppe en étirant un peu plus son sourire, comme s'il lui avait réservé le meilleur pour la fin. Achille en sortit plusieurs clichés du cadavre : l'homme était entièrement tatoué des pieds à la tête, plus exactement des chevilles aux épaules. Les bras jusqu'aux poignets n'étaient pas en reste. Seuls les mains, les pieds, le cou, la nuque et le visage étaient restés vierges de dessins. Un caméléon ainsi qu'une fleur de lotus étaient les motifs récurrents de l'œuvre d'art globale.

Il lui manquait deux doigts à la main gauche.

— Un yakuza ?! s'exclama Simmeo, les yeux écarquillés.

Malgré une carrière riche et variée au cours de laquelle il avait rencontré un mafieux russe puis deux autres albanais dans une sordide affaire de viol avec torture de plusieurs prostituées, le commandant Simmeo n'avait jamais eu l'occasion de rencontrer de yakuza. Cette perspective l'intriguait.

— Et à en croire le nombre de tatouages, c'est un haut gradé, précisa Christian en opinant du chef.

Achille, impressionné, scruta les photographies.

— Je voulais que tu voies ça avant de transférer le dossier à la Brigade de répression du banditisme.

Forcément, la disparition d'un mafieux étranger sur le sol français pouvait bien être accidentelle, elle n'en restait pas moins gênante, exigeant certaines vérifications. Achille ne s'inquiéta pas : il lui restait encore quelques alliés, il pourrait se rancarder sur la suite.

Pour la première fois depuis des lustres, il sentit la satisfaction l'envahir : des signaux internes qu'il parvenait encore à identifier lui indiquaient que son intuition s'ébrouait. La mort de Mashaho Takanori, le cancer fulgurant de madame : tout cela n'était pas ordinaire et exigeait quelques éclaircissements.

Une légère bruine avait succédé à la pluie, des gouttelettes coulaient sur sa nuque telles des péripéties en quête de sens, ce n'était pas désagréable. La lumière blanche mettait en valeur le pont Mirabeau. Il traînait rarement ses guêtres dans ce quartier paisible de l'ouest parisien et, conquis, il s'arrêta pour contempler un couple de cygnes.

— Du césium 137 ?? répéta Marius, interloqué. Tu es certain que c'est ce qu'il t'a dit ?

Simmeo vérifia ses notes et confirma par un lapidaire :

— Affirmatif.

Il entendit dans son téléphone que son interlocuteur pianotait sur un clavier. *Sûrement son ordinateur dernier cri,* songea le commandant de la Crime en imaginant le chimiste dans son laboratoire. Marius avait trente-deux ans, des joues caves et l'avantage d'être un geek chevronné. Gendarme, il travaillait pour l'IRCGN, la maison concurrente. C'était contraire au règlement – et pour Marius et pour Simmeo –, pourtant le scientifique ne rechignait jamais à filer quelques coups de main techniques au commandant du 36, rencontré lors d'une formation commune juste après la mort de Chloé.

— Et donc ? s'impatienta le policier.

— C'est un élément radioactif, répondit Marius.

Radioactif. Le mot figea Simmeo.

— Ingurgité à haute dose, il provoque des cancers.

— Comment ça, ingurgité ? C'est comestible, ce truc ?

— Disons qu'avec les catastrophes nucléaires, ça l'est devenu.

Simmeo reprit sa marche. *Radioactif. Nucléaire. Des mots qui cognent.*

Rassurant et pédagogue, comme s'il avait lu dans ses pensées, le chimiste proposa de transférer sa documentation au policier.

À peine une minute plus tard, le bip de son portable l'informait qu'il recevait un mail. Il ouvrit la pièce jointe, un rapport confidentiel de l'Institut de radioprotection et de sûreté nucléaire, rédigé par le service d'étude et de surveillance de la radioactivité dans l'environnement.

Simmeo parcourut la fiche radionucléide du *137Cs,* résumé du comportement de cet élément chimique. Il en résultait que : « Suite aux essais nucléaires atmosphériques pendant la période 1945-1980, et aux accidents des centrales de Tchernobyl ou Fukushima, une impressionnante quantité de césium 137 s'est peu à peu déposée sur la planète, contaminant les airs, les terres et les mers... »

Le vrombissement du téléphone coupa sa lecture : *Numéro privé.*

Il hésitait toujours à décrocher les appels masqués, souvent des commerciaux sans scrupule prêts à vous vendre un triple vitrage *encore* plus performant que celui installé un an auparavant.

— J'écoute ?

— Lieutenant Misseo ?

La communication était hachée, Simmeo reconnut pourtant le professeur Parapport.

— Quelles nouvelles, docteur ?

Achille cala son portable avec son épaule gauche, prenant soin de boucher son oreille droite avec son index afin de ne rien rater des mots de son interlocuteur.

— Yuki Takanori a repris connaissance. Elle est d'accord pour vous rencontrer.

— J'arrive ! s'exclama le policier en raccrochant.

Il remit à plus tard son étude du césium 137, fourra son téléphone dans la poche de son pardessus en faisant demi-tour vers l'hôpital Pompidou. Il accéléra sa foulée. À l'entrée du parc André-Citroën, aussi détrempé que déserté, il se mit à courir.

Presque la moitié des yakuzas
étaient nippo-coréens, et nombre d'entre eux
des descendants de Coréens
exploités comme main-d'œuvre bon marché
à l'époque coloniale.
Une autre faction était constituée des dowa,
l'ancienne caste des intouchables au Japon.
Les intouchables étaient chargés d'abattre
les animaux ainsi que d'autres « sales » boulots.
Bien que le système de caste n'ait plus cours,
le racisme envers les dowa *perdurait.*

TOKYO

La disparition de son plus loyal collaborateur Masamune Yakunari contrariait l'Oyabun Naoko Santoka. Assis sur un tatami, le dos droit et les jambes repliées, il réfléchissait. Il cherchait son prochain bras droit, un homme de confiance à qui il pourrait déléguer sans crainte les tâches particulières dévolues jusqu'ici à Masamune. Il avait tenté de contacter son gendre. En tant que numéro trois du clan, l'Oyabun souhaitait lui demander d'assurer l'intérim. Mais ce dernier restait injoignable, ce qui excéda le parrain : il avait besoin de quelqu'un *tout de suite, maintenant* et détestait attendre – il n'en avait de toute manière aucune habitude, ses désirs équivalant à des ordres.

L'Oyabun se débrouillait donc seul, consultant les fiches des membres les plus éminents du Santoka Gumi sur sa tablette numérique. Lorsque celle de Sanzo Okanabe, lieutenant-chef du Sanzo Kai (sous-clan appartenant au Santoka Gumi) apparut, il prit le temps de la détailler. Depuis un bastion ceinturé par une haute muraille dans l'un des quartiers les plus prospères de Kobe, Sanzo Okanabe régnait au nom du Santoka Gumi. L'Oyabun se souvint que Masamune Yakunari ne tarissait pas d'éloges au sujet du chef du Sanzo Kai.

Sanzo... Des lustres que l'Oyabun ne l'avait pas revu. Il se souvenait de lui pour s'être illustré dans plusieurs affaires. L'homme avait la particularité d'employer des méthodes cruelles mais toujours efficaces : taillader la tronche des emmerdeurs, balancer les gêneurs par-dessus les balcons. Il n'y allait pas de main morte, c'était justement ce dont avait besoin l'Oyabun. Sanzo Okanabe, complexé par ses origines *dowa*, avait fait montre de témérité dans bien des domaines afin de s'imposer. Il était aujourd'hui devenu l'une des figures du Santoka Gumi les plus respectées.

Sûr d'avoir trouvé chez Okanabe les compétences adéquates pour le travail à fournir, Naoko Santoka retira ses lunettes, posa sa tablette numérique sur le futon puis se leva.

Il s'empara de son téléphone, composa le numéro de Sanzo Okanabe et invita son lieutenant à rejoindre Tokyo au plus vite.

Le chef Santoka apprécia la réponse mesurée de son prochain collaborateur.

À l'autre bout du fil, Sanzo avait au prix d'un effort considérable modéré sa voix afin qu'elle ne trahisse pas sa fierté. Lui, le *dowa*, n'avait jamais douté de sa suprématie. Il avait encaissé racisme et humiliations lorsqu'il était plus jeune, eu l'occasion de prouver que ces bassesses ne l'avaient pas atteint ni empêché de s'élever dans la hiérarchie mafieuse jusqu'à accéder à la tête du Sanzo Kai. *Ce qui ne nous fait pas pourrir nous rend plus forts* était son credo.

Cette fois, la demande émanait de l'Oyabun en personne. Ce dernier souhaitait ses conseils et ses interventions... Lui, l'ancien *dowa*, n'en revenait pas... Il tenait enfin sa plus belle revanche.

Après avoir raccroché, Naoko Santoka retourna s'asseoir sur le tatami. Il s'apprêtait à couper son téléphone afin de ne pas être dérangé dans sa séance de méditation lorsqu'il remarqua soudain que sa fille avait tenté de le joindre plusieurs heures auparavant sans laisser aucun message.

Avec sa manie incessante d'éteindre puis allumer son téléphone, l'Oyabun déréglait la réception de ses messages. Calculant qu'avec les huit heures de décalage il faisait nuit en Europe, où sa fille et son époux devaient être en train de dormir, il éteignit une bonne fois pour toutes son cellulaire en se remémorant de les contacter ultérieurement.

À son âge, il avait appris à accéder à la solitude céleste sans rendre de comptes à quiconque.

PARIS

L'annonce de la perte d'un être à la famille était un moment délicat et depuis quelques années la direction de la Police judiciaire avait mis en place des formations. Simmeo, toujours avide d'en apprendre sur la psychologie humaine, avait été l'un des premiers volontaires. En quelques jours, les policiers apprenaient à ne pas verser dans l'empathie : « Vous vous devez de garder du recul. » Désormais, Simmeo était rompu à l'exercice – il continuait à ne pas aimer ce moment, mais avoir appris à en décrypter les méandres permettait de rester serein.

Il n'avait cependant jamais expérimenté une malade atteinte d'un singulier cancer en phase terminale pour interlocutrice. Encore moins une Japonaise – le professeur Parapport avait dégoté un jeune interne d'origine tokyoïte, le catapultant interprète.

L'état de Yuki Nakatori se dégradait, désorientant la communauté scientifique. Achille Simmeo ne la reconnut simplement pas : la dame qui se trouvait devant lui avait une sonde qui jaillissait de son nez, une perfusion dans chacun de ses bras, et avait vieilli de vingt ans en quelques heures. Il frissonna, s'interdisant de songer aux tatouages dispersés sous les soudaines rides atmosphériques.

La malade fixa Simmeo en parlant dans un souffle presque sanglotant. Simmeo se tourna vers le jeune interne.

— Nous aurions dû être à Tokyo, traduisit-il.

L'oncologue avait été catégorique : avec la dose de morphine que Mme Takanori avait reçue, elle ne resterait pas longtemps éveillée.

Simmeo ne souhaitait pas perdre une minute, il lui indiqua d'un signe de tête qu'il était tout ouïe. Elle reprit son récit, le jeune interne, consciencieux, s'appliqua à traduire.

— Nous sommes restés parce que je tenais absolument à assister à un défilé de la Fashion Week. J'avais eu une invitation par une amie. Je m'en veux, commissaire. C'est à cause de moi s'il est mort.

L'interne s'arrêta, une larme perlait sur la joue de Mme Takanori.

La dame culpabilisait. *Assez courant en pareilles circonstances.*

Il racla sa gorge, avisant l'interprète, puis regarda la malade.

— Madame, nous comprenons votre choc...

Il marqua une pause, laissant le temps au traducteur de rendre compte. Il resta concentré, trouvant diablement longues les explications de l'interprète au vu des quatre mots qu'il avait prononcés. Enfin, il reprit :

— ... Nous avons besoin d'en savoir plus sur les heures qui ont précédé la disparition de votre mari. Vous sentez-vous capable de me raconter ?

Quand elle eut compris la requête du policier, Yuki Takanori opina du chef et débita un long monologue. Simmeo ne quittait pas des yeux l'interprète, lequel, appliqué, notait phonétiquement certains mots sur un carnet. Lorsque Mme Takanori se tut, l'interprète s'accorda un moment pour relire ses notes.

— Après notre dîner, mon époux Mashaho a décidé d'aller à Enghien. Il y a un casino, il avait envie de jouer. Cela nous arrive régulièrement. Moi, je me sentais fatiguée, j'ai préféré profiter plus calmement de notre dernière soirée à Paris, alors il y est allé seul. Il m'a embrassée, il était heureux de son séjour et des affaires conclues, heureux de son acquisition chez Drouot. Finalement, après son départ, je suis restée à l'hôtel.

L'interprète tourna la page de son carnet, en profita pour boire une gorgée d'eau avant de continuer :

— Mon mari n'est pas rentré cette nuit-là et je me suis immédiatement inquiétée car nous avions notre avion le jour même. J'avais déjà modifié les dates de notre retour au dernier moment pour assister à...

— Un défilé de mode, le coupa Simmeo en souriant. Mais lequel, exactement ?

L'interprète traduisit à Yuki Takanori, puis se tourna vers le policier.

— Celui de Limi Feu.

Chloé raffolait de la fille du célèbre Yohji Yamamoto : « Elle est classique avec un vent de modernité, j'aime beaucoup. » Simmeo avait le vague souvenir d'un mélange de noir et de blanc, de volumes et de matières, d'asymétries maîtrisées.

Il nota de vérifier cette information : s'y était-elle rendue ou le prétendait-elle ? Parfois, le diable se logeait dans ce genre de question innocente.

— J'ai laissé plusieurs messages sur ses téléphones, tous coupés. J'ai immédiatement contacté nos amis parisiens, ce sont eux qui m'ont conseillée de vous prévenir. Ce que j'ai fait sur-le-champ, bien sûr.

— Donc, si je comprends bien : vous êtes inquiète parce que vous êtes sans nouvelles de votre mari parti à Enghien. Vous téléphonez au casino. Là, on vous apprend que votre mari est reparti comme à son habitude à 2 heures du matin au volant de sa voiture.

Il se tourna vers l'interne.

— Demandez-lui où ils ont dîné et si son mari buvait beaucoup d'alcool.

La réponse de la digne Japonaise ne tarda pas :

— Mashaho Takanori, mon époux, buvait du thé. Exclusivement du thé. Jamais d'alcool.

Simmeo prit note sans trop y croire. *Jamais* ne faisait pas partie de son vocabulaire et sans doute l'autopsie du mari confirmerait rapidement que la veuve se trompait. Remarquant que les paupières de la dame s'alourdissaient, il inclina sa tête, s'éclaircit la gorge puis reprit :

— Vous souvenez-vous de l'endroit où vous avez dîné ?

L'interprète relaya la question. Simmeo savait combien la délicatesse était requise pour l'art de la traduction, il prenait en revanche conscience de la lenteur de l'exercice. Et de l'effort qu'il exigeait pour la patiente en face de lui.

À bout de forces, Yuki Takanari se tourna vers l'interne en train de lui parler et, dans un souffle rauque, le coupa :

— ... Ensuite, j'ai fait mon premier malaise. Puis tout s'est enchaîné...

Achille aurait aimé continuer l'interrogatoire, il n'en eut pas le temps : l'alarme du monitoring se déclencha soudain, signalant une bradycardie. Immédiatement, une infirmière accourut, demandant au policier et à son interprète de quitter les lieux sur-le-champ.

Mme Takanori avait pris le temps de sourire. C'était un sourire d'extase, Simmeo en conclut que, même si elle n'avait pas pu lui en dire plus sur son dernier dîner, ce souvenir l'avait de toute évidence comblée. Réalisant qu'il ne s'était pas offert un *grand* restaurant depuis qu'il était veuf, il se promit de reprendre ses dégustations. Même sans Chloé.

Veuf... il détestait ce mot qui suintait le manque et la désolation. Pour la première fois, il parvenait cependant à se le dire. Sans bien en identifier les raisons, il comprit que quelque chose, la mort peut-être, était en train de lui redonner le goût de la vie et de ses saveurs.

Achille Simmeo fut accueilli sur le palier du troisième étage de l'escalier A de la PJ par le directeur de la Crime en personne. Dimitri Pralin, le front plissé par les contrariétés, se tenait à côté d'un individu de taille moyenne engoncé dans un imperméable qu'Achille ne se rappelait pas avoir déjà croisé.

— Simmeo, j'ai deux mots à vous dire, l'informa le patron en avisant la porte de son bureau.

Intrigué, le commandant s'y engouffra.

— Monsieur Dupré a quelque chose pour vous, enchaîna Pralin avec un air agacé.

Achille Simmeo fronça les sourcils en observant l'inconnu, lequel tendit sa main.

— Vous êtes? interrogea le policier sans la lui serrer.

— Alexandre Dupré, huissier de justice, répondit l'homme.

— Huissier de justice? s'étonna Simmeo qui ne comprenait pas pour quelle raison il se trouvait dans cette configuration.

— Maître Lafosse cherche désespérément à vous joindre, expliqua Dupré en sortant un épais registre de son cartable.

Maître Lafosse. Le notaire dont j'ai balancé la lettre, comprit alors Simmeo sans quitter des yeux l'huissier.

Ce dernier ouvrit un registre qu'il lui présenta. Il s'agissait d'une convocation.

— Merci de bien vouloir signer, exigea Dupré avec une fermeté obséquieuse.

Coincé entre son directeur et cet inconnu, Simmeo se sentit comme un condamné devant l'échafaud. Les yeux sur le registre, il lut que maître Lafosse l'attendait à 8 heures le lendemain.

— Demain ?! Ça risque d'être compliqué, on a une interpellation...

Dans l'affaire du transgenre, le groupe était convenu de retourner au palace, histoire de maintenir la pression.

— Tu as ta journée, répliqua le divisionnaire, lui tendant un feutre. Tout est arrangé.

La nervosité de son chef n'échappa nullement au commandant.

Comprenant que son intuition se confirmait – le patron de la Crime fermait le dossier Olivia Chavert beaucoup trop rapidement –, il saisit le stylo et signa la missive.

— Parfait, mentit-il en posant le crayon sur le bureau de son directeur.

Il avait plutôt le sentiment que cette convocation s'apparentait à une mise en demeure, et cela le contrariait.

L'huissier ne s'attarda pas, il n'était pas à son aise entre ces murs, sa gêne était perceptible. Il remit à Achille un feuillet en copie de réception, remercia Simmeo et son directeur puis s'éclipsa.

Heureusement, le téléphone du divisionnaire clignota une fois puis retentit, la sonnerie imitait celle de Jack Bauer. *Sauvé par le gong,* se dit Achille en tournant les talons, ravi de quitter les lieux.

Avec la ferme intention de passer la nuit au 36 avant de se rendre chez maître Lafosse, il grimpa les marches deux par deux jusqu'à son bureau.

Il n'eut pas le temps d'atteindre leur local, ses équipiers surgirent devant lui.

— *Happy birthday ! Happy birthday !!* s'écrièrent-ils en chœur.

Leur chef de section Jérôme Boucheron brandissait une bouteille de champagne. Simmeo eut besoin d'un instant de réflexion car ce n'était absolument pas son anniversaire – il était né un 20 décembre. Soudain, il comprit : cela faisait aujourd'hui exactement trente-six ans qu'il travaillait au 36 ! De temps à autre, malgré les tragiques affaires qui hantaient l'édifice, la fraternité policière prenait le dessus, s'autorisant quelques apéritifs. Ces moments étaient rares – sans les proscrire totalement, le chef de la Crime les avait passablement réduits, trop d'anciens collègues ayant terminé leur carrière alcooliques.

Ils insistèrent pour que Simmeo garde la bouteille pour lui – un perrier-jouët-belle-époque dont il raffolait – et le commandant ne se fit pas prier. L'interpellation du lendemain matin avait beau avoir été annulée, il était tard et chacun aspirait à rentrer chez soi. Au contraire de Simmeo, tous avaient une vie de couple – plus ou moins compliquée. Certains, mariés ou non, élevaient même des enfants.

Lorsque, enfin, il se retrouva seul, il alluma son ordinateur.

En constatant que sa collègue Sophie Barbier de la BRB, une amie qu'il avait connue en même temps que Chloé, avait répondu à sa requête et que le message contenait une pièce jointe, il scanda plusieurs « Merci » et, très excité, ouvrit le message.

Mon Achille, je ne sais pas ce que tu as encore flairé mais en te préparant ce que tu m'as demandé, j'ai jeté un œil au dossier. Il est question d'un Mashaho Takanori. C'est un gros poisson, du coup j'ai pris l'initiative de t'ajouter sa bio ainsi qu'une info qui vient de tomber. On a d'autres urgences mais tiens-moi au jus. Et sois prudent.

Des bises,

Soso

Impatient, il cliqua sans attendre sur le fichier. Il contenait une bonne centaine de pages, le sommaire annonçait :

– un topo sur la mafia nippone

– la téléphonie de M. Mashaho Takanori

– celle de son épouse Yuki

– les analyses du bol alimentaire de la victime

– un télégramme confidentiel selon lequel le cadavre d'un certain Benkei Urimano, yakuza patenté appartenant au clan Santoka, avait été découvert la veille à l'ambassade de France à Tokyo.

– une biographie de Mashaho Takanori.

Achille lança l'impression couleur, et, tandis que dans le couloir il entendait la machine cracher les feuilles, il se prépara une réserve de café puis enfonça ses écouteurs en lançant la BO de *Lost in Translation*, film culte de Chloé. L'occasion était trop rêvée pour ne pas la saisir.

Une fois le document relié, il s'installa confortablement dans le canapé défoncé et commença par le commencement.

La mafia japonaise est une des plus grandes organisations criminelles mondiales. Plus connus sous le nom de yakuzas, ses membres, divisés en plusieurs clans, sont des acteurs majeurs de la scène économique et sociale japonaise. Obéissant à une stricte hiérarchie, les yakuzas, désormais présents internationalement, seraient près de 85 000.

Impressionnant, convint Simmeo en soulignant le nombre.

La mafia japonaise serait bien plus importante, et de loin, que ses consœurs italiennes, sans pour autant être occulte. En effet, les yakuzas se distinguent des autres mafiosi par leur organisation semi-légale qui les insère donc dans la société. Conservant la structure hiérarchique commune à toute organisation mafieuse, les yakuzas sont organisés en clans, qui s'assimilent à une famille.

On dénombre à l'heure actuelle quatre grandes familles mafieuses au Japon. Les Santoka Gumi (la plus grande famille regroupant à elle seule près de 45 % des yakuzas), les Sumiyoshi Reng, les Inagawa Kaï, et enfin les Toa

Yuai Jigyo Kummiai (regroupant beaucoup de Coréens). Malgré leurs intérêts divergents, ces 4 grandes familles répondent à une organisation hiérarchique similaire.

Le policier stabilobossa les noms des familles mafieuses.

C'était toujours ainsi qu'il s'imprégnait d'un dossier, en se familiarisant avec les protagonistes. Pour la suite, c'était un gain de temps précieux. Il répéta plusieurs fois en lui-même *Santoka,* se souvenant que le yakuza trouvé mort entre les murs de l'ambassade de France à Tokyo appartenait à ce clan.

Le chef de clan, patriarche, est appelé « Oyabun » (littéralement « parent, chef »).

Chaque membre faisant partie du clan doit accepter le statut de *kobun* (« enfant, protégé »), promettant obéissance et fidélité inconditionnelles au chef.

En contrepartie, l'Oyabun offre à tous ses *kobun* protection et bons conseils. L'Oyabun est entouré de conseillers, les *komon,* qui occupent des postes administratifs et judiciaires.

Outre cette structure hiérarchique, la mafia japonaise répond à des règles précises. Tous les yakuzas sont soumis au *goduko* (« la voie extrême ») et au *ninkyodo* (« la voie chevaleresque »). C'est-à-dire qu'ils doivent se soumettre à 9 commandements non négociables, qui s'apparentent à des lois.

Par ailleurs, des étapes précises sont nécessaires au recrutement des futurs yakuzas.

Le téléphone du commandant vibra dans la poche de sa veste. Il ignora l'appel, totalement absorbé par sa lecture musicale.

Après l'intronisation, cérémonie hautement ritualisée, le yakuza doit faire ses preuves : trouver un travail, reverser ses bénéfices au clan, et jurer fidélité à son chef. En cas de faute, le yakuza est soumis au *yubitsume*, pratique d'autoablation du petit doigt. En accomplissant cet acte de mutilation, le yakuza présente ses excuses à son Oyabun. En cas de nouvelle erreur, le yakuza devra se couper les autres doigts. Il est ainsi possible de voir des yakuzas amputés de plusieurs doigts.

Il songea aux deux doigts manquant à Mashaho Takanori. *Yubitsume... J'ignorais que ce rite s'appelait ainsi*, remarqua Achille en classant le mot dans sa mémoire.

Son portable lui indiqua que son interlocuteur avait laissé un message, il l'écouta : Yuki Takanori s'était éteinte.

Il s'arrêta un moment, le regard perdu, puis choisit de rester concentré.

Autre rituel hautement pratiqué au sein de la communauté yakuza : le tatouage (*irezumi*), symbole d'appartenance à un clan. Le rituel du tatouage est très douloureux, puisqu'il est réalisé de manière traditionnelle. Cette pratique, vieille de plusieurs siècles, est désormais assimilée à une preuve de courage et de fidélité envers le chef du clan auquel appartient le yakuza. Outre le tatouage, les yakuzas montrent leur appartenance à tel ou tel clan par leur code vestimentaire, de façon à être facilement identifiables par les civils.

Le policier marqua une pause dans sa lecture. Il revit nettement le petit pendentif en diamants à l'effigie d'un caméléon qu'il avait offert à Chloé. Elle le portait sur son décolleté, ce qui faisait que, selon la lumière du soleil ou celle de son pull, l'animal changeait de reflets. Il sourit car il n'avait pas imaginé qu'un jour les yakuzas et leurs tatouages lui rappelleraient ce caméléon.

Il dut faire un effort afin de se concentrer à nouveau sur la pègre nippone.

L'origine du terme « yakuza » est assez floue, mais 2 étymologies, liées toutes 2 au secteur du jeu, semblent se distinguer.

Selon la première hypothèse, « yakuza » viendrait en réalité d'un jeu de cartes japonais, l'oicho-kabu, dont le but est de s'approcher le plus possible du chiffre 9. Chaque syllabe du terme « yakuza » serait une contraction d'un chiffre, et la somme des 3 syllabes ferait 20, soit une main perdante dans le jeu de l'oicho-kabu. Yakuza signifierait donc « perdants » et par extension, « bons à rien ».

La seconde hypothèse renvoie le terme yakuza au guetteur situé devant les temples shinto dans lesquels se jouaient des parties de cartes effrénées. Le guetteur, assis sur une chaise, se devait de prévenir ses coéquipiers de l'arrivée de la police. *Yaku* signifiant « rôle » et *za* signifiant « chaise », le yakuza serait, dans cette acception, la personne ayant le rôle de tampon entre policiers et joueurs.

La fin du xxe siècle apporte son lot de revers pour l'image de la mafia japonaise. Les conflits entre les différents clans, l'altération progressive de l'image des yakuzas au sein de la population, les scandales de corruption... Toutes ces données font qu'en 1992 le gouvernement japonais décide l'instauration d'une loi antigang, complétée 1 an plus tard par une loi antiblanchiment.

Les conséquences de ces mesures restrictives pour les yakuzas se font sentir sur les différents clans mafieux. Les diverses organisations sont désormais sujettes à un recensement officiel qui leur offre, en contrepartie, des avantages financiers. En guise de représailles, si le recensement n'est pas effectué par les yakuzas, ces derniers font face à des restrictions, mais uniquement administratives, non pénales.

Étant désormais sous couvert d'une structure légale de type associatif, les clans mafieux japonais se voient restreints à la clandestinité pour toutes les activités de trafic (armes, drogues, proxénétisme), entraînant par là même une rupture avec les forces de l'ordre et les politiques qui ne cherchent néanmoins pas à les arrêter.

Parmi toutes ces activités, la plus lucrative reste sans contexte le trafic de drogue, représentant environ 35 % des revenus des yakuzas, loin devant le racket (20 %), les jeux et les paris (17 %), et la prostitution (13 %).

Ce faisant, le chiffre d'affaires annuel des yakuzas s'élève à 34 milliards d'euros.

Rien que ça? ironisa Achille en posant le dossier sur son bureau. La musique japonisante touchait à sa fin, il se leva. En s'étirant, il songea aux Simmeo, cette famille qui l'avait adopté mais dont il ne savait pas grand-chose, ou alors l'essentiel : dans le milieu des mafiosi corses, les Simmeo tenaient une bonne place. Cependant, son père ayant coupé les ponts avec sa famille dès l'adolescence afin de devenir magistrat, Achille n'avait jamais connu la joie des vacances en famille ni la perfidie de l'esprit clanique. Sa pensée vagabonda un bref instant jusqu'à cet aïeul biologique tombé du ciel pour lequel il avait tout à l'heure rendez-vous chez le notaire.

Préférant plonger dans le dossier Takanori plutôt que de sonder les eaux troubles de ses origines, il alla directement à la petite biographie de Mashaho Takanori. Lorsqu'il découvrit que l'homme était non seulement le numéro trois du clan Santoka, mais surtout le gendre du patron de la pègre, il comprit pourquoi Sophie avait employé le terme « gros poisson ».

Yuki Takanori n'était autre que la fille du parrain de la plus puissante mafia japonaise !

Dans le rapport, sa collègue avait commenté une question-réponse à l'attention d'Achille dans la marge :

Je sais ce que tu vas me demander : comment, alors que les autorités françaises connaissaient les activités du mafieux, nos amis sont-ils entrés en France sans être inquiétés ?

Je n'ai pas la réponse, je vois si je peux trouver mais je pense que ça pue la DGSE. STP fais gaffe.

Après avoir découvert l'identité de la victime et son appartenance à une organisation yakuza, la BRB avait mis la pression au laboratoire d'analyses toxicologiques, lequel s'était activé. Pas une goutte d'alcool.

Achille se rappela les mots de Christian, son collègue du Val-d'Oise, au sujet de monsieur Takanori : « Il était ivre. » Puis ceux de son épouse sur son lit d'hôpital : « Mon époux ne buvait que du thé. Jamais d'alcool. » Il se les rappelait avec précision dans la mesure où il en avait franchement douté.

Il déchiffra les résultats scientifiques. L'un d'eux lui sauta aux yeux : le *paclitaxel*, une molécule active, avait un taux bien supérieur à la moyenne.

En cherchant sur Internet, il apprit que :

– Cette molécule est isolée à partir de l'écorce de l'if, plante d'ornement appréciée pour sa facilité d'entretien et sa remarquable longévité.

– La toxicité de l'écorce est connue depuis l'Antiquité : les Grecs anciens pensaient que dormir sous un if était mortel; les Gaulois enduisaient les pointes de leurs flèches de sa sève.

Du poison, songea Simmeo.

– C'est en 1971 que trois chimistes isolent la molécule active : le paclitaxel, aujourd'hui utilisé en chimiothérapie, est à l'origine du médicament français anticancéreux le plus utilisé au monde, le Taxotère.

Intrigué par cette matière qui contenait en son sein l'antidote de son propre poison, Achille vérifia le rapport d'autopsie : Mashaho Takanori avait succombé à un épanchement péricardique, attribué au choc de l'accident. Et s'il y avait une autre raison, un vice caché ?

En outre, le légiste avait noté, sous les tatouages, des réactions cutanées ainsi qu'une altération des ongles. Cependant, étant donné l'âge de la victime, rien de particulièrement anormal. Une certitude : ses organes vitaux révélaient une excellente santé, pas de nécrose, il ne souffrait d'aucun cancer. Achille fronça les sourcils : pourquoi cette molécule anticancéreuse inondait-elle les analyses du Japonais ?

Il plongea une nouvelle fois dans les résultats toxicologiques et comprit que, au contraire de le soigner, le paclitaxel avait disséminé ses effets secondaires rédhibitoires jusqu'à la mort :

– diminution des globules blancs, des plaquettes et des globules rouges,

– perte de cheveux et inflammation des muqueuses, en particulier de la bouche,

– atteinte des nerfs périphériques,

– risque de rétention hydrique, épanchements péricardiques,

– réactions cutanées,

– altération des ongles.

Et si l'épanchement péricardique dont avait été victime Mashaho Takanori n'était pas la conséquence de l'accident mais sa cause, son origine ?

Il entendit les cloches de Notre-Dame sonner trois coups en notant de contacter le chimiste qu'il connaissait dès que l'heure serait décente.

Césium 137 pour madame, paclitaxel pour monsieur : on ne se refusait rien dans la famille Santoka !

Il se cala à nouveau dans son fauteuil et reprit la lecture du rapport de Sophie. Les analyses téléphoniques, quant à elles, mettaient en exergue les tentatives du couple Takanori de joindre un numéro en Finlande. Sauf que le criblage du numéro en question révélait que le portable contacté bipait en réalité à Tokyo et appartenait à Naoko Santoka, père de Yuki, beau-père de Mashaho. Et, accessoirement, Oyabun de la plus puissante pègre nippone. Celui-là même qui avait produit l'héroïne la plus pure du monde. Un chimiste. *Encore un...* remarqua Simmeo, préoccupé.

Achille releva que l'Oyabun avait lui aussi cherché à parler à son gendre et sa fille. Le dernier appel de Tokyo, *via* la Finlande, datait de quelques heures.

Elle devrait être rentrée à Tokyo, il doit forcément s'inquiéter, supposa Achille.

Le business d'import-export de Mashiho Takanori était clean, s'il venait régulièrement en France et en Europe, c'était pour le bon suivi de certains dossiers. L'homme, yakuza patenté dans son pays, circulait librement puisque ses affaires internationales étaient parfaitement légales. Les véritables escrocs avaient ceci de particulier qu'ils excellaient dans la navigation sans permis, pour eux superflu.

Simmeo, gavé de caféine et de nicotine, était incapable de trouver le sommeil. Il connaissait la mafia par son prisme professionnel ou celui de son père. Marseille, Italie, Russie et Albanie occupaient le podium français des trafics depuis des décennies. Suivait la mafia chinoise, de mieux en mieux organisée, notamment dans Paris. Mais de yakuzas, point.

Il regarda l'heure. Dans trois heures, il serait chez un notaire qui lui parlerait de son géniteur Erwan Leguennec, et il évita d'y réfléchir. Il ne comptait rien accepter de ce type par respect pour Jean-Charles et Mireille Simmeo, l'homme et la femme qui l'avaient adopté, choyé, aimé et élevé en lui expliquant la seule vérité : celle qui avait porté Achille, abandonnée par son amant lorsqu'il avait appris la grossesse de sa belle, était morte en couches. Bien entendu, Achille n'en avait aucun souvenir, il était âgé de seulement quelques semaines lorsque ses parents adoptifs l'avaient accueilli, devenant ses seuls repères. Il ne comptait pas les trahir avec un revenant.

Achille s'interdit d'allumer la dernière cigarette de son paquet, but une gorgée de Coca puis reprit ses recherches.

Il pianotait sur le Net, parcourant des articles sur les yakuzas.

La mafia nippone n'avait jamais été une préoccupation – le seul Japonais qu'il avait arrêté à la Crime était un cannibale.

Or, il découvrait que l'impunité de ces mafieux, considérés comme des héros par beaucoup de Japonais, était vertigineuse. Articles ou vidéos dans lesquels les médias (que dirigeait le Santoka Gumi sans se cacher) témoignaient des engagements des yakuzas pour la Cité, au sens grec du terme ; extraits de récits, même des bandes dessinées : la Toile regorgeait de détails sur la mafia japonaise. Achille tomba sur une interview de l'Oyabun, si généreux, auprès duquel s'affichaient hommes politiques et industriels de tous bords.

Sur un blog d'amateur de tatouages, le policier trouva une autre pépite : la classification des tatoueurs traditionnels du pays du Soleil-Levant et la signification des tatouages des yakuzas. Ainsi, le choix du caméléon versatile et docile pour le Santoka Gumi remontait à l'ère Meiji. Aujourd'hui, il symbolisait l'allégeance à l'Oyabun Naoko Santoka.

L'aube gagnait du terrain lorsqu'il rédigea finalement une demande de complément d'informations à Sophie :

À part les samouraïs et les ventes chez Drouot, je ne connais pas grand-chose à la culture japonaise.

Merci pour ce condensé, passionnant pour un néophyte comme moi.

Très instructif.

Gros poisson, je te confirme.

Hélas, juste flairé pas pêché. Il m'en faudrait plus.

Je fais certaines vérifications de mon côté, notamment sur la toxicologie.

De ton côté, peux-tu en savoir plus : de quoi est décédé le yakuza trouvé mort à l'ambassade de France à Tokyo ?

Il était 6 h 30 lorsqu'il quitta son bureau sans croiser quiconque. Avant de repasser chez lui prendre une douche et changer de vêtements, il s'accorda un copieux petit déjeuner au café de la place Dauphine. Il dévora plusieurs croissants ainsi que la presse du matin dont les unes titraient invariablement sur la désastreuse campagne présidentielle. Il y avait eu un débat télévisé la veille au soir qu'Achille avait totalement omis. Apparemment, son niveau n'avait pas convaincu.

Les rares clients ne parlaient que de lui.

Une heure plus tard, prêt à affronter le notaire – il comptait bien évacuer cet épineux dossier –, il longea la Seine en se disant que décidément il allait avoir du mal à quitter son quartier.

Puisque son patron lui avait accordé sa journée, il prendrait la tangente.

Guide des traditions ancestrales des samouraïs :
si une personne se tient dans votre dos,
elle constitue une menace.

TOKYO

La police nipponne était organisée de manière pyramidale. Au sommet, juste en dessous du cabinet du Premier ministre, se trouvaient le Conseil national de sécurité publique (CNSP), suivi par l'Agence nationale de police (ANP).

L'ANP était une bureaucratie politique et administrative qui ne conduisait pas elle-même les enquêtes mais en assurait la coordination interdépartementale. Véritable armada bureaucratique sans aucun pouvoir d'investigation, elle déterminait la ligne de conduite de toutes les organisations policières du Japon. Ses dirigeants, recrutés par concours national, n'avaient aucune expérience en matière d'enquêtes ou de techniques d'investigation.

En dessous de l'ANP, le Japon comptait quarante-sept services de police départementaux. Parmi eux, le Tokyo Metropolitan Police Department (TMPD) était le plus prestigieux, s'occupant fréquemment d'affaires nationales plutôt que locales.

Chaque section départementale contrôlait un poste de police central ainsi que plusieurs *koban* (avant-postes). Cependant, l'ANP n'oubliait pas de garder le contrôle. Comment? En plaçant ses propres bureaucrates à la direction des bureaux locaux, elle barrait la route à ceux qui connaissaient le terrain, possédaient les compétences, les empêchant d'accéder à cette position. Mais il ne fallait pas se mentir : les flics locaux étaient ceux qui se mouillaient, faisaient le vrai boulot, menaient les enquêtes.

Okimura Donan avait quarante-deux ans, le front dégarni mais pas une ride, les longues mèches de ses cheveux gras plaquées sur son crâne. Il était de ces gens qui brouillaient les pistes sans en être conscient, une sorte de paradoxe ambulant avec sa moustache toujours parfaitement taillée, le cou épais d'une bête de somme, des mains puissantes, une silhouette mince et musclée qu'il devait à sa pratique assidue du kickboxing.

Inspecteur au quatrième district du TMPD (ce qui équivalait à être propulsé en plein milieu d'une zone de combat), il couvrait la majeure partie de l'arrondissement de Shinjuku, à l'ouest de Tokyo, comprenant le quartier de Kabukicho. Jusqu'à la fin du XIXe siècle, l'endroit s'appelait Tsunohazu et n'était qu'un marécage.

Plus tard, les bombardements de la Seconde Guerre mondiale rasèrent l'espace résidentiel. À la reconstruction, le quartier commerçant devait s'organiser autour d'un théâtre kabuki qui ne vit jamais le jour. Seul le nom resta dans l'histoire. C'était la nuit que les rues de Kabukicho prenaient vie. L'inspecteur Donan en connaissait les moindres recoins.

Okimura Donan avait grandi puis débuté sa carrière à Yokohama, autre haut lieu de la criminalité. Il avait fait ses preuves sur le terrain, n'enviait aucunement sa hiérarchie ni ne se sentait concerné par la course aux promotions. Son moteur restait assez banal pour un flic : seule comptait la percée de la vérité. Binaire, il aimait son métier et sa femme, laquelle ne pouvait avoir d'enfant et venait d'ouvrir une boutique de décoration intérieure dans le très chic quartier des Ambassades. Okimura Donan avait plusieurs principes : ne jamais refuser les heures supplémentaires, encore moins un verre de saké tiède.

Après l'identification du cadavre trouvé à l'ambassade de France, le TMPD, franchement embarrassé par l'étrangeté du dossier, avait confié l'enquête au poste de Shinjuku. L'inspecteur Okimura Donan avait eu affaire au yakuza de Kabukicho à maintes reprises lors de nombreuses enquêtes de mœurs. Le flic, intrigué par le manque d'éléments probants, attendait le coup de fil du légiste en mangeant une galette de riz croustillant. Il était bientôt minuit lorsque le téléphone retentit enfin.

— Alors ? s'empressa-t-il.

— Mort on ne peut plus naturelle pour ton coco, enchaîna le docteur.

Surpris par cette réponse à laquelle il ne s'attendait pas, le policier marqua un silence.

— Tu es sûr ?

— Un bon petit infarctus, propret et indolore, confirma le légiste.

Au fond de lui, Donan ressentit une certaine déception. Pour le policier, Benkei Urimano était un porc, et il aurait apprécié que cet escroc au service des sévices meure comme un bâtard digne de ce rang, avec effusion de sang et putréfaction délétère.

Au contraire de cela, le bonhomme avait été bêtement terrassé par un arrêt du cœur, lui qui n'en avait pas.

L'inspecteur balaya de son esprit les ignominies commises par ce criminel aujourd'hui victime d'une banale crise cardiaque. La clé du problème restait identique : comment et pourquoi le mafieux avait-il atterri entre les murs de l'ambassade de France, territoire étranger ô combien protégé ?

Donan tira un petit carnet rouge d'une pile qui trônait sur son bureau, puis lança de nouveau les images des vidéosurveillances récupérées auprès des autorités françaises, franchement conciliantes (il fallait reconnaître que cette découverte ne réjouissait personne). La présence d'un yakuza dans l'ambassade de France n'avait pas encore été dévoilée à la presse et ne le serait pas – Donan connaissait son boss au credo bien rodé : « Rien à foutre des yakuzas, des putes et des Chinois. »

Donan eut beau passer en boucle les enregistrements des nombreuses caméras des entrées de l'édifice (guichet officiel avec ses contrôles, entrée de service auréolée de ses gardiens et même l'entrée de la résidence de l'ambassadeur) : le mafieux n'apparaissait sur aucune d'elles.

Le policier avait débuté sa nuit intrigué par ce mystère, il la termina contrarié : il n'avait pas grand-chose à mettre sous les dents de son chef et il se figura que ce dernier, peu enthousiaste à l'idée d'accumuler trop d'affaires complexes et irrésolues – jamais bonnes pour ses statistiques carriéristes –, n'hésiterait pas à utiliser la mort naturelle du malfrat pour classer le dossier. « Ce n'est pas une enquête criminelle puisqu'il n'y a pas eu crime », arguerait-il.

À un détail près, Donan vit juste : ce ne fut pas son boss qui classa le dossier mais le juge lui-même.

Ce dernier avait obtempéré en échange de confortables émoluments distribués par le Santoka Gumi – en l'occurrence l'obtention du permis de conduire de son fils, lequel avait lamentablement échoué plusieurs fois à l'examen, ainsi qu'une voiture neuve pour le jeune conducteur : autant de promesses difficilement inacceptables pour un homme comme ce magistrat prêt à toutes les compromissions du moment qu'elles satisfaisaient le confort de sa famille – et le sien, par ricochet.

Bien loin du quartier de Kabukicho, l'arrondissement résidentiel de Jiyūgaoka, l'un des lieux d'habitation les plus recherchés de la capitale.

C'était ici, à l'abri des regards et au calme, que l'Oyabun avait établi son quartier général. Dans cette reproduction d'une maison traditionnelle avec son spacieux jardin japonais – une veine, en plein Tokyo – que l'Oyabun avait commandés à un spécialiste, la salle de réunion avait la particularité d'être capitonnée. Au centre, une table rectangulaire.

L'Oyabun, assis d'un côté, faisait face à trois jeunes gens que Sanzo Okanabe encadrait, debout derrière eux. Le signe était suffisamment ostensible pour que le trio comprenne le message : cette réunion sentait le règlement de comptes.

Sanzo Okanabe, arrivé de Kobe, ne ressemblait pas à un yakuza : il avait tous ses doigts, ne roulait pas les *r*, un masque sanitaire cachait une partie de son visage. Il portait un élégant costume bleu marine. Ses lunettes noires, son couvre-chef dissimulant ses oreilles et son flingue étaient les trois choses qui ne le quittaient jamais.

— Il n'a même pas prononcé un mot? demanda le parrain de la mafia.

Il adressa un signe de tête à celui qui avait des oreilles décollées et des cheveux artificiellement ondulés, l'autorisant à prendre la parole.

— ... Non, pas un seul, honorable Oyabun... Il s'est effondré...

— Oui, Maître, comme si la foudre l'avait désigné, renchérit celui dont les sourcils broussailleux ressemblaient à des accents circonflexes.

Foudroyé... Quelle chance, il n'a pas souffert, songea le chef yakuza. À son âge, le parrain de la mafia la plus puissante du Japon avait vu disparaître beaucoup de ses amis : lorsqu'il avait eu soixante-quinze ans, ç'avait été une hécatombe. La tempête s'était calmée, aujourd'hui il ressemblait au dernier des Mohicans attendant la faucheuse avec une certaine sagesse – croyant avec ferveur à la réincarnation, il avait presque hâte d'entamer une nouvelle vie.

L'Oyabun fixa le jeune homme du milieu, celui qui arborait un survêtement blanc en éponge ouvert sur un pendentif. Il avait une allure de surfeur décontracté avec sa casquette assortie. Le plus vieux, à peine vingt-cinq ans. Celui qui venait de parler sans y avoir été invité. Le même à avoir pris la décision de transporter le cadavre jusqu'à l'ambassade. Il s'appelait Okemi et était en réalité le seul que l'Oyabun avait intronisé yakuza, quelques mois auparavant. Les deux autres n'étaient que des hommes de main, des fantoches bientôt fantômes.

— Le restaurant est sous surveillance, nous le savons par notre taupe du service antigang, crut bon d'enchaîner le beau gosse aux yeux bridés étonnamment rapprochés.

— Et alors ?

— Nous ne pouvions pas évacuer le corps par le restaurant, sinon la police nous aurait vus.

— Ça, je l'ai bien compris, assura l'Oyabun, soudain excédé.

— Tu entends?! marmonna Sanzo à l'oreille d'Okemi. Ça, l'Oyabun l'a compris!

Sanzo parlait lentement, de la manière dont les gens parlent aux enfants ou aux idiots.

— Oui, Sanzo-san, assura le jeune au lieutenant Sanzo.

— Ce qu'il te demande, c'est pourquoi avoir décidé de passer par l'ambassade de France?

Les trois soldats, silencieux, baissèrent la tête.

— Vous n'avez pas pensé à placer le cadavre dans les frigos du restaurant et attendre que ça se calme, que la police lève son dispositif?... Il aurait suffi que vous m'en parliez, je n'aurais eu qu'un coup de téléphone à donner et la surveillance aurait fermé les yeux le temps nécessaire. Au lieu de quoi, vous avez attiré l'attention sur nous et sur l'ambassade de France!

Sans relever la tête, le jeune yakuza au survêtement blanc se permit d'interrompre l'Oyabun :

— Nous ne savions pas quoi faire, c'était en pleine nuit, j'ai donc téléphoné à Masamune. Il m'a autorisé à utiliser l'ambassade. Je n'y suis pour rien s'il est mort et s'il n'est plus là pour vous le confirmer!

L'Oyabun prit sur lui pour ne pas gifler l'insolent. Il préféra se montrer clément, sachant ce qui attendait le jeune homme. Il répéta les trois notions fondamentales à la vie d'un yakuza :

— *Jingi, giri, ninjo*[1], puis interrogea Okemi : Tu n'as pas l'impression d'avoir récemment enfreint le code d'honneur, mon garçon ?...

L'Oyabun avait parlé avec beaucoup de patience, comme on aiguise une lame. Okemi perçut même une pointe de colère froide dans l'intonation de son chef. Le jeune homme avait peut-être l'air d'un novice – son intronisation ne datait que de six mois –, il restait une petite frappe devenue dure à cuire à force de pugnacité. « Il apprend vite, comprend tout. Et vice versa... », avait confié Masamune à son sujet.

Tout alla en effet très vite : Okemi saisit dans sa poche le cran d'arrêt qui ne le quittait jamais, éjecta la lame de sa main gauche, posa la droite à plat sur la table puis, avec une dextérité qui bluffa l'Oyabun, trancha sans hésitation son annulaire. Le sang gicla tel un geiser, Okemi tint le choc mais manqua tourner de l'œil, ses deux camarades, aussi abasourdis qu'écœurés, eurent quant à eux un puissant haut-le-cœur.

---

1. *Jingi* : le respect et l'obéissance envers ses supérieurs, une notion essentielle dans le Japon en général. Le chef de clan : personne ne peut lui désobéir, lui résister ou se montrer familier envers lui. Le *jingi* impose un comportement bienséant et correct. *Giri* : le sens du devoir et des obligations. Toute dette doit être payée, en argent si nécessaire mais le plus souvent sous forme de loyauté et de services. Cela marche dans les deux sens : le yakuza paye toujours ses dettes mais n'oublie jamais de réclamer son dû. *Ninjo* : un concept que l'on pourrait traduire très approximativement par l'expression « comportement chaleureux ». En clair, la capacité du yakuza de comprendre et compatir aux problèmes des petites gens et de leur rendre justice. Comme on peut le supposer, cet aspect des traditions a été quelque peu laissé de côté.

L'Oyabun ne quitta pas des yeux le survêtement blanc qui devint vermillon à la vitesse de l'éclair. Il fallait bien admettre que ce jeune homme n'avait pas hésité. Il possédait un sacré sang-froid. À sa place, l'Oyabun en avait vu plus d'un flancher, certains rechigner.

Okemi, galvanisé par ce qui était en train de se passer, se concentra sur la fin du cérémonial, tendant son doigt à l'Oyabun comme s'il s'agissait d'une offrande. Anesthésié par l'excitation, il ne ressentit aucune douleur ni n'entendit le chef glisser ses ordres à l'oreille de Sanzo, lequel eut un rictus de plaisir sous son masque.

C'était maintenant que Sanzo entrait en scène, maintenant que le bourreau pouvait exprimer la démesure de son sadisme.

Il n'avait pas tout perdu.

Malgré la bétaillère qu'elle tractait, la berline roulait à vive allure sur l'autoroute dégagée.

Sanzo avait verrouillé la voiture de l'intérieur et poussé la musique. Il but une gorgée de saké tout en conduisant puis, sans se retourner, tendit la bouteille à Okemi, assis à l'arrière avec ses deux copains. Les lascars avaient retrouvé leur superbe, la vitesse était grisante.

« Je vous emmène faire un tour », avait proposé Sanzo en glissant dans leur paume cent mille yens, les mettant en confiance. Seul Okemi, sceptique, semblait ne pas être dupe.

Sanzo le mata dans le rétroviseur. Il avait eu le temps de lorgner son petit cul tout à l'heure. Là, il percevait mieux les traits du beau gosse. Coincé entre ses deux potes, son moignon de main en charpie, Okemi ne souffrait pas tant la cocaïne fournie par ce bon Sanzo était pure et efficace. Il ne but pas d'alcool mais saisit la bouteille, la passa à son complice. Okemi proposa une cigarette à Sanzo qui l'accepta en lui lançant un clin d'œil. Okemi sentit un vertige l'envahir lorsque Sanzo bifurqua sur le chemin côtier. Il connaissait ce coin pour y être venu avec feu Masamune en plein jour. Cette fois, la mer scintillait sous la lune.

— Putain, c'est quand même pas mal... admit Sanzo en ralentissant. Ça vous dirait, un bain de minuit? demanda-t-il en retirant son masque sanitaire.

Les trois jeunes se regardèrent, apparemment ils hésitaient.

Sanzo alluma sa cigarette, les volutes envahirent l'habitacle. Il savait que le plus gros souffrait d'asthme et répondrait forcément *Oui.*

— Oui, confirma l'intéressé qui commençait déjà à suffoquer.

Sanzo déverrouilla les portes, libérant les jeunes gens. Okemi ne sortit pas.

— J'ai pas envie...

Cela aussi, Sanzo l'avait planifié : traumatisé par la noyade de son père, ne sachant pas nager, Okemi ne les suivrait pas.

— Si tu préfères... acquiesça Sanzo en sortant à son tour. Comme ça, tu surveilles la voiture, ajouta-t-il en la verrouillant.

Okemi, enfermé mais rassuré, attendit qu'il s'éloigne pour lui envoyer un doigt d'honneur. Ce fut à ce moment précis que Sanzo dégaina un flingue et abattit les deux jeunes d'une balle dans la tête.

Sur la banquette, Okemi sursauta. Lui qui était parvenu à trancher son doigt sans broncher eut envie de crier en voyant ses amis de larcins s'effondrer, mais aucun son ne sortit de sa bouche. Prostré, convaincu que son heure était venue, incapable du moindre mouvement, il regarda à travers le pare-brise Sanzo courir vers le véhicule. Il entendit le bip de déverrouillage mais ne bougea pas : *Je ne sortirai pas. Que ce fils de pute m'abatte en salissant son intérieur cuir,* pensa Okemi en fermant les yeux.

— Viens m'aider ! entendit-il soudain.

Sanzo avait rangé son flingue et remis son masque. Il était en train d'enfiler des gants. Lorsqu'il en tendit une paire à Okemi, le jeune déglutit en les saisissant.

Sanzo se dirigea vers la bétaillère et l'ouvrit. Trois énormes porcs muselés, en laisse et affamés comme s'ils étaient en transe, se précipitèrent. Okemi eut un mouvement de recul en les voyant. Le pire était Sanzo qui imitait leurs cris en les tirant jusqu'aux deux cadavres.

— Tiens-les, intima-t-il à Okemi.

Abasourdi, fasciné aussi, craignant de bien comprendre l'horreur dont il était en train de se rendre complice, Okemi s'exécuta sans broncher. Ébahi par ce spectacle cauchemardesque, il ne quitta pas des yeux Sanzo lorsque ce dernier retira les muselières des cochons : il leur parlait avec une affection déplacée et malsaine qui acheva de mettre le jeune sportif mal à l'aise. Enfin, tapotant le flanc du plus gros des porcs et sans se retourner, il ordonna à Okemi :

— Tu peux les lâcher.

Porté par un état second, chargé de cocaïne, Okemi laissa glisser les cordes. Les cochons se ruèrent sur les cadavres comme s'ils étaient de l'or.

Sanzo riait, encourageant les bêtes à tout bâfrer. Okemi ne parvenait à détourner le regard, se demandant à quel moment la cruauté sans limites de Sanzo s'en prendrait à lui. Se rappelant le code d'honneur du yakuza, il décida de rester digne malgré la menace.

— Rentre chez toi et reviens me voir demain, lui glissa enfin Sanzo. J'aurai du travail pour quelqu'un comme toi...

PARIS

La succession de ses parents Jean-Charles et Mireille Simmeo laissait à Achille un souvenir laborieux, et il se sentait plus étranger que concerné par le testament dont il allait prendre connaissance.

Il détailla le notaire qui lui faisait face. L'homme portait des demi-lunes et cherchait dans un épais dossier quelque chose.

— La voici ! s'exclama-t-il enfin, trouvant une enveloppe cachetée.

Il la tendit à Achille sans la lâcher, le priant de signer un acte de réception. *Un RAR sans la poste !* En tant que policier, Simmeo connaissait la lourdeur de la procédure et la respectait. En revanche, en tant que citoyen, les contingences administratives l'excédaient. Pressé d'en finir, il ne fit aucun commentaire, apposa sa signature puis décacheta la missive.

Fils,

Ta mère et moi avions vingt ans. Nous étions fous amoureux mais mineurs (je te rappelle qu'à l'époque la majorité s'obtenait à 21 ans), son père a décrété que je n'étais pas un bon parti pour elle.

Ta mère savait tenir tête, c'est d'ailleurs ce qui la rendait si sublime.

Lorsque ses parents ont découvert sa grossesse, ils l'ont envoyée dans une pension prévue pour les cas comme les siens, à Talencé, loin de Paris.

Contrairement à ce que tu as toujours cru, elle n'est pas morte en te donnant naissance.

Après son accouchement caché, ses parents l'ont envoyée en Australie où elle a épousé un militaire. ils ont fondé une famille. Toi, on t'a coupé le cordon, puis immédiatement confié à une association chargée de faire adopter de beaux bébés «aryens» à de riches couples des 8e ou 16e arrondissements.

J'ai oublié ta mère, moi aussi j'avais ma vie à construire.

Mais toi, je ne t'ai jamais oublié.

Quand tu as eu douze ans j'ai trouvé le nom du couple qui t'avait acheté : l'association vendait cher ses têtes blondes en bonne santé.

Si j'avais eu les moyens à l'époque, j'aurais payé.

J'ai tellement souffert d'avoir été pauvre lorsque j'aurais dû avoir de l'argent pour t'acheter que je suis devenu riche.

Je n'ai pas eu d'autres enfants que toi, tu es mon unique héritier.

Mes biens et cet argent sont à toi, fils. Sans toi et mon amour pour toi, je ne l'aurais pas gagné. Te savoir là fut ma force secrète.

Tu avais 14 ans lorsque je t'ai vu la première fois avec tes parents et je n'ai pas eu le courage d'aller vous parler.

Lâchement, j'ai continué ma vie sans jamais évoquer à aucun de mes proches ton existence, mais je savais où tu étais et je ne t'ai jamais perdu.

Je t'embrasse d'où je suis.

Bon vent.

Erwan Leguennec

Le fils de pute, il me surveillait ! Avec le sentiment d'être l'arroseur arrosé dans une partie de tuyaux qui n'était pas la sienne, Achille lâcha la feuille. Le clerc, un petit homme au costume étriqué, se précipita pour la ramasser et lui tendre un verre d'eau. Achille déclina. Les mots de cet Erwan Leguennec lui tombaient des mains. *Et il ose écrire FILS ! Et puis quoi encore !*

— Je refuse, affirma tout de go Simmeo.

— Pardon ? s'étonna le notaire.

— Je refuse tout !

Le notaire fronça les sourcils, parcourant le testament devant ses yeux.

— Venons-en à ce *tout* justement... Vous héritez d'une péniche sur la Seine...

Le notaire fit glisser l'adresse et quelques photos sous les yeux d'Achille. Prenant sur lui pour ne pas se lever et donner un coup de poing dans la porte (à une époque, sa spécialité), Achille ferma les paupières, refusant de lire.

Amusé, le notaire récita :

— Quai de Grenelle, au pied de la tour Eiffel. Cette superbe péniche est estimée à un million d'euros.

Achille enfonça ses index dans ses oreilles, faisant mine de ne pas entendre.

— Votre père...

— Ce n'est pas mon père ! rétorqua Achille en ouvrant ses yeux et ses oreilles.

Apparemment rompus aux réactions saugrenues, le notaire et son clerc échangèrent un bref regard entendu. Puis, le notaire prit une profonde inspiration, tournant son regard vers la fenêtre. Fixant l'horizon, il s'adressa à Simmeo :

— Erwan Leguennec avait tout prévu, même votre refus. Il a fait un test ADN qui prouve sa paternité. Selon la loi, vous êtes sommé d'accepter cet héritage.

Il se leva et s'approcha des carreaux. Il enfouit les mains dans ses poches et, toujours sans regarder Simmeo :

— Ce que vous ferez de cette péniche et des cinq cent mille euros qui vont avec vous regarde.

Cette fois, il se tourna vers Simmeo. Le policier restait impassible.

Le notaire, l'air grave, se rassit et parapha les feuillets du legs.

— Vous pouvez les donner à une association caritative ou les dilapider, je m'en fiche, mais signez ici s'il vous plaît.

Il fit glisser les papiers sous les yeux d'Achille ainsi qu'un stylo.

— Je refuse ! insista Achille.

Le notaire lui envoya un sourire crispé en se calant dans son fauteuil. Il n'en avait cure des états d'âme de Simmeo, lui aussi était pressé d'en finir, d'autres dossiers l'attendaient.

— Et arrêtez de faire votre enfant gâté ! J'en croise tellement qui héritent de dettes et qui aimeraient être à votre place que vous n'êtes pas crédible ! Allez donc fêter cette nouvelle au lieu de vous lamenter !

Simmeo haussa les épaules. C'était exact, mais pas réconfortant pour autant. Dépité, Simmeo apposa sa signature sans broncher. Il n'allait pas s'éterniser.

Le clerc se précipita pour récupérer le sésame. Satisfait, le notaire fut le premier à se lever, indiquant à Simmeo que tout était en règle et terminé.

Blême, chargé d'un dossier et du trousseau de clés de la péniche aussi lourd qu'un fardeau, forcé d'admettre qu'il n'avait pour l'heure aucune réplique à riposter, Achille se leva à son tour.

— L'argent sera transmis aujourd'hui même sur votre compte, précisa le notaire en ouvrant la porte.

— Il a raison, ton notaire, c'est presque indécent de refuser un tel cadeau.

Denis Calanques était un flic lunatique, violent à ses heures – surtout lorsque les affaires concernaient des enfants –, mais il restait avant tout un homme pragmatique.

— C'est pas un cadeau, c'est un héritage ! insista Simmeo.

— Encore mieux ! surenchérit Calanques.

— J'en ai déjà eu un, je te rappelle.

— T'es lourd, Achille ! Tu rêves d'arrêter de bosser, tu as l'opportunité de pouvoir te consacrer à tes autres passions et tu fais chier avec ton passé, ta loyauté à tes parents adoptifs. De toute façon, quand ça n'est pas eux, l'excuse, c'est Chloé.

Calanques se figea, la remarque lui avait échappé, pourtant il enchaîna :

— Et puis bon, ils n'ont pas toujours été très cool avec toi, tes parents adoptifs.

— Comme tous les parents, le tacla Simmeo avec fermeté.

Pas déstabilisé, Calanques continua sur sa lancée :

— C'est très romantique mais c'est du pipeau. La vérité, c'est que tu ne veux pas te confronter à ta réalité. Tu excelles dans la quête de la vérité pour les autres, mais dès qu'il s'agit de toi, tu fuis... C'est peut-être la chance de ta vie...

Simmeo haussa les épaules :

— C'était Chloé, la chance de ma vie.

Calanques leva les yeux au ciel.

— Pff... Tu fais chier, Achille. Il y a des fois, je ne te comprends pas.

Simmeo, interloqué par la franchise de Calanques, écarquilla les yeux.

— Au fait... un certain Marius a laissé un message, ajouta Calanques en quittant les lieux. Il cherche à te joindre de toute urgence.

Simmeo vérifia. Il avait en réalité deux messages. Le premier provenait en effet du chimiste, disant qu'il rappellerait.

Le second, de son banquier, proposait un rendez-vous « pour parler épargne ». Comprenant que l'argent d'Erwan Leguennec avait été crédité sur son compte, il effaça le message. Son prétendu conseiller financier était trop réactif pour ne pas rappeler à Simmeo la faune des cadavres.

Le ciel était plombé mais l'astre courageux : perçant les nuages bas, certains rayons du soleil allumaient quelques pierres tombales. Achille entra dans le cimetière du Montparnasse, un petit sac à dos en bandoulière sur une épaule. Après avoir récupéré à l'accueil la clé de la concession familiale de Chloé, il se dirigea sans hésitation vers la sépulture. Il ouvrit la grille, se glissa à l'intérieur, alluma plusieurs bougies, déplia un tabouret planqué sous l'autel. Il sortit de son sac à dos la bouteille de champagne offerte par ses collègues, deux gobelets à l'effigie quelque peu éculée des Simpson et son iPod qu'il enclencha. En sourdine, la chanson de Michel Delpech jaillissait du casque. Apparemment habitué à la manœuvre, il plaça les écouteurs sur les oreilles voilées d'une statue de la Vierge Marie sculptée en bronze.

Chloé adorait *Quand j'étais chanteur*. Il espérait qu'en haut du ciel elle avait pu croiser son musicien favori et qu'ensemble de temps à autre ils poussaient un karaoké.

Il remplit les deux verres de champagne, s'assit sur le tabouret et parla à Chloé. Il lui expliqua le notaire, la péniche et les milliers d'euros, la lettre de son géniteur.

Ton père biologique, Achille.

La voix de Chloé dans sa tête...

Achille réalisa qu'il n'avait jamais connu aucun membre de la famille adoptive dont il portait le nom. Sa crise d'adolescent consista à tenter de renouer avec son grand-père et son oncle Dominique, dit Dume. Un échec.

« Il me fascinait, avait-il un soir raconté à Chloé. Je ne l'avais vu qu'en photo dans la presse, mais la haine de mon père pour les siens avait attisé ma curiosité. Papa ne cessait de dire qu'il était un vrai rebelle, lui que je voyais comme un bourgeois rangé. J'ai compris plus tard que s'il revendiquait tant sa pensée bourgeoise, c'est parce qu'elle lui avait beaucoup coûté. Il l'avait payé cher. Intellectuellement, il trouvait sa famille *féodale*.

— *Féodale*?! avait réagi Chloé en éclatant de son rire moqueur, celui qui faisait si bien relativiser Achille.

— Oui, c'est ce qu'il disait : *féodale*. Mon père avait côtoyé toute son enfance la logique des mafieux, il la connaissait bien.

— Tu ne m'avais jamais raconté.

— Il n'y a rien à dire.

— Tu plaisantes? Viens là, avait-elle précisé en tapotant le coussin du canapé.

Achille l'avait rejointe.

— Tu as du sang mafieux qui coule dans tes veines de policier et tu oses prétendre que tu n'as rien à me raconter ! Je veux tout savoir !! »

Il n'avait relaté son adoption à Chloé que bien plus tard, avec une maladresse notoire :

« En réalité, il faut que je te dise que mes parents ne sont pas réellement mes parents. »

Il avait redouté que Chloé ne prenne mal cette confidence, imaginé qu'elle lui reprocherait de ne pas lui avoir dit *avant* – formule accablante qu'une de ses ex lui avait envoyée au visage, le quittant sur-le-champ. Il n'avait jamais compris de quel *avant* parlait cette fille. *Avant* le déluge ?

Au contraire de cette ex, Chloé, bouleversée, l'avait pris dans ses bras, il s'y était blotti, avait senti une chaleur et une tendresse qu'il n'avait jamais connues auparavant. Jamais son père et sa mère adoptifs, si aimants furent-ils, ne l'avaient consolé comme Chloé le faisait : *Mon ange, mon ange...* Il avait pleuré. Éperdument, il avait pleuré, mélangeant ce jour-là sa hantise de décevoir Chloé à sa peur qu'elle ne l'abandonne.

Chloé lui avait immédiatement conseillé de commencer une psychothérapie, il avait fermement refusé :

« Jamais je ne me lancerai dans une recherche identitaire, si c'est ce que tu veux ! »

Chloé avait souri :

« Je ne veux rien, Achille. Je dis juste que c'est difficile de construire sur l'abandon, que c'est un terreau miné et que pour viser l'équilibre dans le couple, c'est carrément se compliquer la tâche que d'être dans ce déni. Il n'y a aucune honte à reconnaître ses fragilités et les travailler, les améliorer. »

Le lendemain, il avait commencé une thérapie.

Une révélation.

Il avait compris que, avant d'être adopté, il avait ressenti l'abandon de celle qui l'avait porté. Chimiquement, ses cellules étaient imprégnées de ce choc, du manque et de l'incompréhension – la culpabilité de penser que si on a été abandonné c'est parce qu'on l'a mérité, que c'est *sa* faute, qu'on a déçu *sa* maman. Parce que c'est impossible, sinon, qu'une mère abandonne son enfant, n'est-ce pas? C'est impossible qu'une mère devienne le bourreau de sa géniture, non? Ce n'est vraiment pas *naturel* lorsqu'on est maman de ne pas protéger sa chair et son sang de son instinct maternel. N'est-ce pas ce qu'on nous apprend à l'école?

Il avait peu à peu admis qu'une femme pouvait avoir une *bonne raison* de ne pas souhaiter l'être qu'elle porte, une raison extérieure à l'enfant : une grossesse imposée par un rapport non consenti, la découverte du plaisir sensuel sans qu'il engage pour la vie.

Avec cette thérapie, il s'était replacé dans le contexte social et politique de l'époque : il avait vu le jour en 1959, la contraception était inexistante, l'avortement interdit, la place de la femme réduite à la dépendance paternelle puis maritale.

La génération de ses parents avait progressé à tâtons vers une nouvelle société. Lui, Achille, incarnait la génération du dernier sacrifié avant l'armistice, celle du droit de vote pour les femmes, la contraception puis la légalisation de l'avortement.

Ce fut à cela que lui servit sa thérapie : se connaître et se reconnaître tel qu'en lui-même. Un petit pas pour l'humanité, un grand pas pour l'homme qu'il était. Chloé avait eu raison de le conseiller : il s'était ouvert, avait agrandi son champ de vision.

La semaine suivante, il s'inscrivait en psycho-criminologie. Parmi ses collègues, il fit dès lors office de spécialiste. Il devait beaucoup à Chloé. S'il était l'homme qu'il était devenu, s'il avait trouvé le courage d'oser, c'est parce qu'elle avait été son moteur. *Derrière chaque grand homme se cache une grande femme*, admit-il. *Ton histoire, c'est ta fragilité, mais c'est aussi ta force. Tu n'as pas en à avoir honte, tu n'as rien à te reprocher.*

Mon ange, mon ange...

Il avait eu raison d'aimer cette femme.

— Je n'arrive pas à dire *père* lorsque je parle de cet homme, confirma Simmeo en buvant une gorgée de bulles.

Il avait vérifié, et les dires d'Erwan Leguennec étaient plausibles : la pension de Talencé avait existé, la fondation du 16e arrondissement également.

La voix de Chloé, rocailleuse :

Maintenant que tu connais ton histoire, n'aie plus peur de t'abandonner à tes rêves. La vérité est toujours libératrice.

Il avait compris que cet abandon puis cette adoption contre rémunération avaient conditionné son rapport aux autres, à ses propres émotions. Et même, à l'argent.

Toujours, il craignait de manquer – alors qu'en réalité son salaire de fonctionnaire aurait dû rassurer, voire rassasier ses peurs, rien ne semblait combler ses hantises cellulaires. Il redoutait d'être dépouillé. Tout cela n'était ni raisonné, ni raisonnable. Grâce à Chloé, il avait peu à peu lâché prise et accepté de (se) dépenser sans compter.

Se disant que le mensonge et la frustration gangrenaient le monde, qu'à ce rythme ils finiraient par l'anéantir, il marcha jusqu'à son agence bancaire, boulevard Saint-Michel, traversant le jardin du Luxembourg. Malgré les caprices des cieux, certains feuillus tentaient leur chance, quelques fleurs s'aventuraient.

Il n'avait pas rendez-vous mais ne doutait pas un seul instant que son conseiller l'accueillerait en priorité : la voix mielleuse qu'il avait employée pour les moult messages laissés sur la boîte vocale de Simmeo trahissait une déférence inhabituelle.

Le policier ne s'était pas trompé : le type, fort sympathique au demeurant, était extrêmement nerveux. Craignant que Simmeo ne change de banque, il proposa ses expertises de gestionnaire. Le commandant coupa court aux multiples propositions, indiquant que ses ambitions étaient ailleurs. Il acceptait l'American Express mais ne comptait nullement faire fructifier cet argent. Simplement l'utiliser et le distribuer à bon escient. Pas question de devenir esclave de cette indécente fortune.

— Un virement de cent mille euros à Capucine.

Lorsqu'il avait rencontré Chloé, elle était enceinte d'un homme mort brutalement dans un accident de voiture. Achille avait partagé la vie de la maman, forcément celle de l'enfant. Une adorable fillette prénommée Capucine à qui Chloé n'avait jamais voulu mentir. L'affection et la complicité réciproques qui unissaient Simmeo à la fillette ressemblaient à s'y méprendre à celle d'un père pour sa fille. « Des liens de sans », disait Chloé. Des liens sans obligation ni convenances, des liens sans névrose. La fillette avait aujourd'hui vingt-deux ans, des cheveux courts, une allure sportive et un minois aussi fin que celui de sa mère. Avant de mourir, Chloé était fière de la jeune femme que Capucine devenait. Elle continuait de changer : ses études la passionnaient, ses amies aussi extravagantes que drôles ne la laissaient jamais seule trop longtemps. Capucine était d'une compagnie si agréable que Simmeo ne s'inquiétait pas pour elle. Ce qui chagrinait le plus Achille, ce qu'il trouvait injuste, c'était que Chloé était décidément partie trop tôt et qu'en n'étant plus là pour voir grandir Capucine, elle loupait un sacré spectacle.

— Six mille euros pour une formation de sommelier-conseil caviste.

Il rêvait de se l'offrir pour sa retraite, ne faisait qu'anticiper.

— Trois mille euros en cash.

Il en donnerait la moitié à Calanques, panier percé devant l'Éternel. Son collègue et ami avait trois enfants de trois femmes différentes, certaines fins de mois finissaient à l'ombre.

Marius se tenait devant un ordinateur, Simmeo à ses côtés. Le second écoutait le premier tandis que sur l'écran défilaient des formules chimiques, des schémas organiques.

— Depuis la nuit des temps, les plantes et les racines sont à l'origine de nombreux médicaments et, *a contrario*, de poisons. Mais il faut pour cela récupérer les principes actifs qu'elles contiennent. La molécule repérée dans l'organisme de ton Japonais présente de faibles concentrations de métabolites secondaires dont la synthèse chimique est difficile à obtenir.

Tracassé, Achille Simmeo se pinça le lobe de l'oreille.

— Tu penses qu'on les a empoisonnés?

Pondéré, le chimiste prit un temps de réflexion.

— Ça m'intrigue, dit-il finalement en hochant la tête. Pour la dame, on peut imaginer qu'elle a mangé des champignons contaminés par le césium 137. En revanche, le cas de son mari est plus mystérieux. Je ne comprends pas *comment* on lui a inoculé cette molécule de paclitaxel. Aucune trace d'injection sur son corps. Rien dans l'estomac. Tous ses organes sont sains...

— Tu es sûr qu'il n'a pas pu en avaler ? insista Achille.

— Certain. C'est impossible, l'autopsie l'aurait révélé.

— Et elle ? le coupa Simmeo, concentré. Tu pourrais savoir ce qu'elle a ingurgité durant ce dernier repas ?

— Si ça t'aide que je joue les Sherlock des ventres pleins, je peux essayer.

Naturellement curieux, le chimiste se frotta les mains. Il adorait percer les mystères scientifiques.

— Je t'appelle dès que j'en ai plus, lui promit-il.

Sur le chemin du retour, un message de Sophie acheva de contrarier le policier : le yakuza retrouvé à Tokyo avait succombé à un infarctus. Mort naturelle.

Naturel, naturel, tous n'avaient que ce mot à la bouche.

D'expérience, Simmeo avait appris à s'en méfier : contrairement à la légende, il ne revenait pas toujours au galop. En fin connaisseur, le commandant lui préférait l'authenticité, plus équivoque.

Parfois des nuages viennent reposer
ceux qui contemplent la lune.

Bashō (芭蕉).

TOKYO

Enfin seul, sachant que ça ne durerait pas, l'Oyabun composa une nouvelle fois le numéro de sa fille. Une nouvelle fois, l'appel bascula sur la boîte vocale. Il détestait qu'une situation lui échappe. Excédé plus qu'inquiet, il raccrocha sans laisser de message.

Bernard Magma apparut soudain sur le seuil de son bureau, vêtu d'un manteau zébré de pluie, les cheveux emmêlés, le visage écarlate. On aurait dit qu'il avait couru. Il tenait à la main une feuille de papier.

— J'ai voulu vous montrer ça en personne.

— Entrez, répondit l'Oyabun en se levant.

Il écarta une chaise du bureau.

— Asseyez-vous.

L'ambassadeur de France fit un pas et, sans un regard pour la chaise, tendit à Saoko Santoka la feuille. La main de Magma tremblait.

— Qu'y a-t-il, Magma ? Encore un souci ? s'enquit-il en prenant sur lui pour ne pas trahir son impatience.

Le cadavre de Benkei Urimano trouvé dans l'ambassade de France n'était plus un problème, Saoko avait grassement rémunéré le juge, le dossier était bel et bien classé, l'enquête même pas commencée qu'elle était déjà terminée. L'Oyabun ne voyait donc pas en quoi il pouvait éponger la nouvelle sudation du Français corrompu.

La missive, classée SD (secret défense), émanait d'Interpol : le consulat de France sollicitait l'ambassade de Tokyo pour une Demande d'entraide pénale internationale, une DEPI, au sujet de la mort suspecte à Paris de deux Japonais.

— Que voulez-vous que j'y fasse? questionna l'Oyabun en reposant la feuille comme on se débarrasse d'une sangsue.

— Vous avez lu jusqu'au bout? surenchérit le Français, un brin désemparé par la non-réaction de son grand chef.

L'Oyabun devait bien reconnaître qu'il avait survolé plus que déchiffré en détail ce rapport. Entouré des meilleurs conseillers juridiques et pénalistes internationaux, l'Oyabun restait au fait des nombreuses procédures et excellait dans l'art de les contourner en toute légalité.

Si l'ambassadeur actuel n'avait jamais eu à gérer un tel dossier – en ligne de mire, l'incident diplomatique redouté –, l'Oyabun du Santoka Gumi n'en était pas à son galop d'essai.

Devant l'insistance et la mine déconfite de l'ambassadeur, il se pencha de plus près sur le texte, rédigé en français et traduit en kanji. Soudain, il se figea, ajusta ses lunettes et déglutit. Il n'avait pas rêvé.

Yuki et Mashaho Takanori étaient les noms des deux Japonais. Sa fille et son gendre. Morts à Paris.

Une vague de nausée monta lentement de son estomac. Il aurait eu besoin de temps à cet instant précis, la solitude à n'importe quel prix. Or, il n'avait ni l'un ni l'autre. Une DEPI secret défense exigeait urgence et priorité de son traitement. Sa fille et son gendre passeraient ensuite – rapatriement, enterrement.

— Qu'est-ce qu'il faut faire ? bredouilla Magma.

Il claquait des dents et lutta contre une envie de fermer les yeux. Il avait dépensé beaucoup d'énergie pour s'assurer qu'il n'y ait pas de fuite dans la presse au sujet du cadavre retrouvé dans son ambassade et il n'y en avait pas eu. Comment gérer cette demande de DEPI sans attirer l'attention ? Si la police française venait fouiner sur son terrain, il avait beaucoup à perdre. Pas autant que l'Oyabun, mais tout de même... Certes, les bénéfices de leur petit trafic n'étaient pas partagés avec équité, l'Oyabun grappillant la majorité. Peu importait à Magma : au-delà des ressources financières, l'ambassadeur raffolait des privilèges *en nature* que ce statut lui accordait : filles gratos, pipes (d'opium mais pas uniquement) assurées, JK[1] de premier ordre... Assurément, les coulisses de l'ambassade ne pouvaient être confiées à n'importe quel diplomate.

Une nouvelle fois, l'Oyabun l'invita à s'asseoir.

— Bon formulaire, bonne formule : la clé de l'administration française. Rien de bien impressionnant, vous allez voir...

1. Joshi Kousei : littéralement, jeunes lycéennes.

PARIS

Lorsque Achille fut adolescent, son père Jean-Charles Simmeo – estimant sans doute qu'à seize ans son fils était suffisamment mature pour comprendre les subtilités des rancœurs familiales – prit deux billets d'avion pour la Corse. Tels deux complices en repérage, ils arpentèrent l'île de Beauté dans une voiture de location. Achille n'avait jamais entendu son père confier avec autant de détails l'histoire complexe de sa famille, fondatrice de la mafia corse. Jamais il ne l'avait entendu parler avec cet accent, retrouvé comme par miracle dès qu'il avaient touché le tarmac ; jamais il ne l'avait vu si contradictoire, tiraillé entre la fierté, tout de même, d'avoir des liens de sang avec la plus belle île du monde, et la haine, tenace, envers le système mafieux qui pourrissait l'État. « Ce sont les Corses les premières victimes », martelait son père.

Ce jour-là et pour la première fois, son père lui conta la mort tragique de sa mère, victime collatérale de son mari, assassinée à sa place dans une sombre histoire de règlement de comptes. Une vendetta. Achille avait découvert son père, lui d'habitude si taiseux, raconter son départ, le lendemain de l'enterrement de sa mère. Il s'était confronté à son père, *cet homme qui n'avait pas l'habitude qu'on lui tienne tête.*

Il savait que la carrière de son père avait, à un moment crucial, été *empêchée*. Un procureur ayant pour frère Dominique Simmeo, fiché au grand banditisme, n'avait pas été du goût du ministre. Jean-Charles Simmeo avait eu beau expliquer qu'il était en totale rupture avec sa famille depuis plus de quarante ans, il avait vu le poste de procureur lui filer sous le nez, sa carrière stoppée net.

Simmeo, désormais branché sur les sites de la presse nippone (laquelle appartenait aux yakuzas), avait découvert que le bras droit de l'Oyabun du Santoka Gumi s'était donné la mort par *seppuku*. Le type, un certain Masamune Yakunari, avait été diagnostiqué atteint d'une foudroyante tumeur au cerveau l'avant-veille de ce *seppuku*. Ceci expliquant cela, relatait le journaliste. De nombreux portraits ou articles louaient la mémoire de cet homme droit, intègre et fier. *Ben voyons...* se dit Simmeo, totalement fasciné par la propension du Japon à encenser ses mafiosi.

Simmeo fut surtout interloqué par la date : Masamune Yakunari avait œuvré le jour où M. Takanori puis madame avaient, eux aussi, trouvé la mort.

Cela portait à quatre le nombre de morts du clan Santoka.

Et pas n'importe lesquels : les plus éminents conseillers de l'Oyabun.

Quatre morts en un laps de temps particulièrement court.

Dont deux à Paris, que Simmeo était bien le seul à trouver suspectes.

Trop de coïncidences.

L'ambassadeur de France à Tokyo avait usé de son bon droit pour refuser la DEPI, affirmant que Yuki et Mashaho Takanori étant décédés à Paris d'une mort *naturelle*, aucune enquête française ne se justifiait. L'ambassadeur avait également rempli le formulaire de rapatriement des corps afin que les enfants et la famille de monsieur et madame puissent entamer leur deuil. L'ambassadeur respectait la procédure et les recours possibles, Simmeo n'allait pas reprocher au diplomate d'être un professionnel bien renseigné.

Ce qui intriguait Simmeo était ailleurs.

Au moment de leur mort, les quatre yakuzas du Santoka Gumi – trois hommes et une femme – avaient contracté un mal fulgurant – cancers, tumeur, infarctus.

Concernant le couple Takanori qu'il avait croisé chez Drouot, le policier savait qu'il avait prolongé son séjour à Paris au dernier moment. En l'occurrence, comme leurs comparses, ils auraient dû mourir au Japon et ne jamais croiser Simmeo. Pour le flic, le hasard n'existait pas, et lorsqu'un mystère barrait sa route, pas question de l'ignorer. Dans ces moments, il se sentait investi d'une mission. *Mon samouraï*, lui répétait Chloé en l'embrassant.

— Tu l'as trouvé où, ce dossier?

Pralin et Boucheron se tenaient face à lui, Pralin pointait un épais classeur sur le bureau du commandant. Simmeo ne les avait pas entendus arriver.

— Chez les collègues des mineurs, répondit-il sans relever la tête.

— Alors tu t'es dit que tu pourrais y jeter un coup d'œil?

Simmeo cessa d'examiner son écran et regarda le big boss Dimitri Pralin.

— Oui. Comme ça. Juste pour voir s'il me venait une idée.

— Pourquoi? insista le divisionnaire Pralin.

— Pourquoi? répéta Simmeo avec prudence, comme s'il s'agissait d'une question piégée. Parce que c'est une affaire fascinante, non? Un jeune pubère qui se faufile dans la chambre d'un vieux transgenre lubrique retrouvé mort, qui sort de la chambre puis qui se volatilise tout de suite après, c'est...

Il haussa les épaules.

— C'est intéressant.

Pralin le fixa longuement. Six mois plus tôt, la mort du jeune amant d'un politicien avait collé des maux de tête à la Crime. Le dossier avait trop de similitudes. D'abord, l'affaire avait suscité une certaine effervescence. La victime retrouvée dans le lit d'un palace de la capitale était un jeune prostitué. Comme dans l'affaire actuelle, il portait une combinaison en latex du même fabricant, des séquelles de jeux érotiques violents. L'amant, quant à lui, était un homme marié à une célébrité, une jeune femme très riche et très jolie. Les journalistes s'étaient jetés dessus comme des hyènes. Mais lorsque, au bout de trois mois et demi, l'enquête n'avait rien donné, sauf le divorce du politicien homosexuel, à l'excitation avait succédé un sentiment d'humiliation chez le policier.

— Que ce soit clair, Achille...

Pralin releva ses lunettes sur son front.

— Ceux qui s'intéressent encore à cette affaire ce sont les journalistes. Tu n'es pas journaliste, que je sache ?

— Pardon ?

— Tu es journaliste et tu concours à Pulitzer ?

— Non, je suis...

— Tu es flic avant tout !

— Mais...

— Tu es flic et en tant que flic ta position officielle c'est : « L'enquête est close et l'instruction en cours »...

Pralin tapota la tempe de Simmeo avec une familiarité peu commune.

— On est passé à autre chose et tu le sais, non ? La brigade a refermé le dossier Chavert. C'est fini. Terminé.

— Mais...

— Mais quoi ?

— Franchement, ça ne vous intrigue pas?

Pralin savait exactement qui était avec Chavert lorsque ce dernier avait succombé. Il savait même quel chemin avait pris le témoin en sortant de l'hôtel pour l'avoir parcouru lui-même.

— Non, ça ne m'intrigue pas, répondit-il calmement.

— Même pas un peu?

— Non, Albert Londres. Même pas un peu. Avec toutes les affaires en cours, j'ai besoin de tout le monde sur le pont. Je ne veux pas qu'un de mes hommes aille traîner à la brigade des mineurs pour «jeter un coup d'œil» à une histoire qui n'a plus lieu d'être.

Simmeo garda le silence, Pralin sentit qu'il faisait de gros efforts pour ne pas discuter. Simmeo croisa le regard de Boucheron. Ce dernier lui envoya un signe discret de capitulation.

— Comme vous voudrez, monsieur le directeur, prononça Achille.

Pralin saisit le lourd classeur puis tourna les talons, suivi par Boucheron qui se retourna avant de sortir.

— Tu n'oublies pas la réunion de tout à l'heure?

Simmeo opina en souriant, puis replongea dans le dossier yakuza : entre les élections, la menace terroriste mettant à mal la sécurité nationale et les affaires pour lesquelles tout le monde était sur le pont sauf lui, il réalisait que personne à Paris ne se souciait de ces deux morts, membres du clan Santoka, mafia la plus puissante du Japon. C'était parfait. Il allait pouvoir enquêter à son rythme. Le *naturel* des morts n'était qu'apparence et il finirait par comprendre.

Ce fut à cet instant précis que l'idée de se mettre en disponibilité de la police pour profiter du pactole d'Erwan Leguennec affleura dans son esprit. Il acquit ensuite la certitude que cette épineuse enquête serait sa dernière.

Marius, le physico-chimiste passionné par la matière, ne cachait pas son excitation. Simmeo, les sourcils froncés, prenait des notes.

La thèse selon laquelle Yuki Takanori avait mâché, avalé puis digéré du césium 137 se confirmait.

La question était : *comment* avait-elle ingéré une dose aussi puissante de cette molécule pour déclencher un cancer à la vitesse de l'éclair ?

Concernant Mashaho Takanori, déterminer *comment* le meurtrier était parvenu à lui inoculer le paclitaxel restait également la principale préoccupation du policier.

Comprendre ces *comment* serait un début de piste.

Voilà que le chimiste venait de lui apprendre qu'il avait, chez Mashaho Takanori, isolé une autre molécule. Un psychotrope. Ça ne collait pas avec les rares indices récoltés par le policier : Mashaho Takanori ne buvait pas d'alcool, ne se droguait pas ni ne fumait. Grand sportif, marathonien, en parfaite santé, il ne prenait aucun traitement. En outre, ces résultats toxicologiques contredisaient le rapport d'autopsie.

Puisque le légiste n'avait rien détecté, le chimiste s'était concentré sur la synergie des aliments. À partir de quelques cellules, Marius était parvenu à une analyse du bol alimentaire de l'accidenté.

Rien de bien menaçant en apparence, sauf qu'en y regardant de plus près le chimiste avait immédiatement calculé que le mélange de la peau des betteraves crues avec la solanine des tomates avait pu dans ce cas servir de psychotrope.

— Il n'y a pas de résidus, ce qui veut dire que l'effet a été rapide. Il a en quelque sorte été empoisonné à feu fort. À l'autopsie, le légiste ne pouvait rien voir.

— Malin, reconnut Simmeo.

— Ce qui prévaut, c'est comment concentrer les aliments. J'ai bûché toute la nuit et regarde ce que j'ai trouvé.

Il cliqua sur son ordinateur, Simmeo se pencha pour découvrir schémas et photos d'une étonnante installation de culture : sous serre, des plantes étaient posées sur une table à trous, hors sol, racines volontairement pendantes, sans contact avec de la terre.

— C'est un procédé révolutionnaire de traite des plantes. Elles sont nourries par vaporisation d'un brouillard nutritif sur les racines, expliqua Marius. Ce produit, élaboré sur mesure en fonction de chaque espèce, a la propriété de simuler des attaques. Objectif : que les plantes multiplient leurs « anticorps ». Quand le taux souhaité est atteint, les racines sont plongées dans un bain issu de la chimie verte qui a pour effet de les ramollir et de faire sortir les molécules sous forme de gouttelettes.

Simmeo avait arrêté de prendre des notes et fixait l'écran de l'ordinateur sur lequel Marius faisait défiler un rapport scientifique tout en continuant ses explications :

— Après cette « traite », la solution est filtrée, concentrée avec un tamis moléculaire puis mise en bidons. La plante est ensuite replacée en culture hors sol, sans avoir été endommagée, avant d'être à nouveau « traite » quelques semaines plus tard.

Simmeo fronça les sourcils, pas certain d'avoir bien compris.

— Il y a des gens qui traient des plantes ?

— C'est ça. Comme les vaches. Sauf que ce n'est pas du lait qui est récolté, mais des molécules !

C'était fascinant.

— Des plantes prêtes à traire ! répéta Simmeo qui n'en revenait toujours pas.

Le policier se retint de rire en imaginant la tête de son chef au moment du topo.

— Parfaitement. Cette technologie révolutionnaire permet de récupérer les molécules actives qui se trouvent à l'état naturel et de faire en sorte qu'une plante fabrique autant de molécules que cinq cents plantes réunies dans la nature...

— Ce qui m'aiderait vraiment à ce stade, le coupa Simmeo, c'est que tu me dises qui peut se procurer et cultiver ces plantes prêtes à traire ?

Le scientifique prit le temps de la réflexion.

— Un chimiste, un agronome, un...

— ... Un cuisinier ? le coupa soudain Simmeo.

Marius eut un moment de réflexion.

— Pourquoi pas ? Mais alors un cuisinier vraiment passionné de chimie. Il faut du matériel.

Immédiatement, il lança une recherche Internet.

— Ou un chimiste vraiment passionné de cuisine ? hasarda Simmeo tandis que l'ordinateur moulinait.

Marius, dubitatif, haussa les épaules.

— À part moi, tu en connais d'autres ?

Il cliquait sur des sites de cuisine et recettes tout en continuant ses explications.

— C'est vrai qu'avec des ingrédients naturels on peut produire des réactions physico-chimiques qui trouvent des applications intéressantes en cuisine.

Il montra soudain au policier l'image d'une boule de pétanque transparente et miniature, mais légère comme le grain d'une grappe de raisin.

— Regarde, commença-t-il avant de zoomer. C'est une plante encapsulée conçue à partir d'algues. Comme ces fameuses billes d'alginates fabriquées à partir d'algues brunes utilisées en pharmacie dès les années 70.

— Et donc ? s'impatienta Simmeo qui ne voyait pas très bien où voulait l'emmener le scientifique.

— Et donc la cuisine d'aujourd'hui en raffole pour concentrer les saveurs qui éclatent en bouche.

— Et ?

— Et imaginons que l'un de ces spécialistes ait encapsulé les molécules. Inodores lorsqu'elles éclatent en bouche, ni vu ni connu... C'est le crime parfait pour empoisonner sans trace.

Le policier blêmit.

— Tu veux dire que quelqu'un aurait trait une plante d'if pour en extraire un concentré de paclitaxel, puis l'aurait encapsulé pour le rendre mangeable, à défaut de comestible, et insoupçonnable à l'autopsie ?

— C'est un peu grossier, mais c'est ça.

Simmeo, nerveux, commença à déambuler.

— Et c'est aussi comme ça que madame aurait ingurgité sa concentration de césium 137 ?

Marius n'hésita pas longtemps :

— Le procédé reste valable. Par les champignons, c'est très efficace. On gonfle les becquerels et le tour est joué.

Simmeo faisait les cent pas en silence. La cuisine du XXIe siècle charriait moult innovations techniques, même celle d'empoisonner. Un mal invisible. Impalpable. Sans odeur. Sans visage. Un mal mélangé aux saveurs. *Préméditation,* conclut le policier.

— Il y a bien ce chef, continua le chimiste en surfant sur la Toile. Trois fois étoilé. C'est avant tout un manipulateur de la matière. Il l'observe, la triture, joue avec ses propriétés. Très doué.

Simmeo se figea. Il feuilleta frénétiquement son carnet : il avait bien sûr vérifié auprès des amis français du couple Takanori les dires de la dame au sujet de leur emploi du temps. Elle n'avait pas menti. À cette occasion, le commandant se souvenait qu'ils avaient expliqué avoir été invités à dîner avec leurs amis japonais dans un prestigieux restaurant réputé pour sa cuisine *moléculaire* et futuriste. Simmeo était convaincu d'avoir noté le nom quelque part dans ce fichu carnet.

— Eliott Principal... se rappela soudain le chimiste en lançant une impression.

— Le restaurant s'appelle L'échoppe qui danse toute seule ! surenchérit Simmeo qui venait de trouver sa prise de note.

Il claqua son carnet en se levant d'un bond. Marius lui tendit la feuille que venait de cracher l'imprimante. Il s'agissait d'un article avec une photographie du cuisinier. Simmeo le reconnut, l'homme était médiatique et s'affichait souvent, défendant une cuisine innovante et radicale. Marius avait aussi pris soin de préciser l'adresse du restaurant.

Simmeo tenait enfin une piste excitante.

À Paris, il était parfaitement possible de tourner à vide sans s'ennuyer. Ce n'était pas grave d'être désorienté. La ville s'offrait en permanence. En s'engouffrant dans la ruelle de Saint-Germain-des-Prés, Simmeo réalisa qu'il était passé des centaines de fois devant L'échoppe qui danse toute seule, sans jamais y prêter attention, encore moins y entrer. De l'extérieur on ne voyait que les lettres calligraphiées noires sur la porte massive et patinée. Rien ne laissait suggérer ce qui se déroulait à l'intérieur.

Sitôt dans la salle aux lambris acajou tapissée de tableaux, en majorité des reproductions d'estampes japonaises – Hokusai, Hiroshige, Kuniyoshi –, le maître d'hôtel accueillait les nouveaux arrivants, les conduisant jusqu'à leur table. Vous pouviez commander des huîtres à la Tanuki, une incomparable pièce de bœuf de Kobé ou vous laisser porter par l'humeur du jour.

— Monsieur?

Achille se retourna. Un commis de cuisine d'une vingtaine d'années lui faisait face.

— Je cherche Eliott Principal.

— Vous avez rendez-vous pour une interview? questionna le jeune homme.

— Pas exactement, répondit le flic en montrant sa carte.

Quoique surpris, le commis ne sembla pas impressionné.

— Le chef est en déplacement cette semaine. Je peux peut-être vous aider?

Simmeo, omettant de préciser qu'ils étaient morts, improvisa :

— Mes amis M. et Mme Takanori sont venus récemment dîner ici... Madame a perdu une boucle d'oreille et se demandait si vous ne l'aviez pas trouvée?

Simmeo n'avait pas eu le temps d'imaginer mieux, le coup de la boucle d'oreille était quelque peu éculé, mais en constatant la réactivité immédiate du jeune commis, le policier convint qu'il restait efficace. *Un bon classique ne fait jamais tort.*

Le commis feuilleta le registre des réservations.

— C'est exact, ils sont venus mardi. Un instant, je me renseigne...

Le commis s'éclipsa, Simmeo en profita pour se faufiler devant l'ordinateur : il avait eu le temps de glaner quelques informations sur la réputation du chef, notamment son sens de l'organisation et du management. Eliott Principal était cultivé et charismatique. Adepte de la discipline et de la méditation, il affichait une allure de quinqua sportif et dynamique. Certaines zones d'ombre sur ses années de jeunesse persistaient – Internet avait ses limites – mais Simmeo avait découvert que l'homme, diplômé d'architecture, était en réalité âgé de près de soixante-dix ans. La cuisine était toute sa vie, pour elle il avait remisé sa formation initiale dans les assiettes. Passionné par le Japon (apparemment il y avait été formé dans les années 70 lors d'un stage d'architecture), généreux, il s'en inspirait. Cette Échoppe qui danse toute seule était l'aboutissement de sa carrière étoilée. Simmeo avait lu qu'en ouvrant ce lieu Eliott Principal continuait à susciter des émotions. Il fallait être initié et parrainé pour espérer goûter ses émotions gastronomiques. Le chef, mystérieux et insaisissable, ne cuisinait plus que sur réservation. Il consacrait le reste de son temps à la recherche et à la transmission.

Sur l'ordinateur, Simmeo trouva la commande des Takanori. Il la parcourut rapidement, photographia les intitulés des mets, certain que le chimiste avait vu juste. Les Takanori n'étaient pas venus seuls. Le nom de leurs amis français apparaissait. Mais c'est en lisant le nom des autres convives présents ce soir-là que Simmeo comprit que son intuition ne l'avait pas trompé : Masamune Yakunari et Benkei Urimano. Respectivement les deux membres du clan Santoka morts au Japon... Eux aussi avaient dîné ici avant de mourir. Ce soir-là, seul le couple de Français n'avait pas été malade – ils avaient pourtant mangé les mêmes plats.

Ensuite, après avoir tout remis en ordre, il prit le temps d'admirer les peintures qui ornaient le mur du restaurant. L'une d'elles attira son attention. Elle s'appelait L'échoppe qui danse toute seule et le chef s'en était inspiré pour baptiser son restaurant. Un hommage, sans aucun doute.

— Désolé, monsieur, nous n'avons aucun bijou.

Cette fois, ce fut une voix de femme. Quarante-huit ans mais en paraissant moins, Eurasienne, un corps sculpté par l'énergie du dynamisme, des cheveux noirs et ondulés attachés en queue-de-cheval, moulée dans un tablier sur un jean et des tennis, elle était sublime.

— Dommage, répondit Simmeo en jaugeant son interlocutrice.

À quoi tenait la beauté d'une femme? s'interrogea Simmeo en pensant à Chloé. *Son humour, l'énergie qu'elle était capable de déployer pour obtenir que les choses se fassent à sa façon et pas autrement. Elle se tenait toujours droite, se souvenait de la boisson préférée de chaque invité. J'aimais bien l'observer à distance.*

En ce qui concernait l'employée de L'échoppe, il s'agissait certainement de ses yeux vairons. L'iris bigarré du gauche avait la particularité d'être rouge et profond comme un rubis. Elle paraissait déborder d'assurance, de fureur et de sensualité. Sans elle, le lieu n'aurait pas été aussi magnétique.

— Je sais bien que je ne suis pas coopté, mais les Takanori m'ont tellement parlé de votre table que j'aimerais l'expérimenter. Ce serait possible ?

— Hélas ! Nous sommes complets jusqu'en juin, précisa le commis.

Achille sourit.

— Le 1er juillet ?

— Nous vous appellerons si nous avons une place qui se libère, intervint la jeune femme.

Décidément, il fallait montrer patte blanche pour entrer dans cette gargote.

— Et il faudrait remplir ce formulaire, s'il vous plaît.

Elle tendit une tablette numérique au policier, l'invitant à s'asseoir. La fiche ressemblait à celle qu'un médecin remplissait la première fois que vous le consultiez. Face à cette suite de curieuses questions, Simmeo dut paraître surpris car la cuisinière expliqua :

— Nous archivons les fiches pour chacun de nos clients, ainsi nous ne risquons pas de nous tromper sur leurs goûts.

Simmeo s'appliqua, restant impassible malgré la nervosité qui le gagnait : le restaurant collectionnait les préférences alimentaires de chaque client, mais aussi leurs désirs, leurs allergies ou traitements médicamenteux. *Du sur-mesure bien pratique pour, en coulisses, concocter des molécules assassines.*

Elle retira son tablier, laissant apparaître un tee-shirt sur lequel planait le slogan *DON'T EAT, FLY.* Amusé, Simmeo remplit le formulaire. Il indiqua sa taille, son poids et son âge sans omettre de préciser qu'il souffrait depuis peu de cholestérol.

Dimitri Pralin, chef de la brigade criminelle du célèbre 36, quai des Orfèvres, était un homme très organisé. Sa pensée était structurée, chaque chose à sa place. Il n'oubliait jamais le moindre détail et, même à quinze ans d'intervalle, il était parfaitement capable de se le remémorer avec une infaillible précision. Le désordre qui régnait dans son bureau n'était qu'apparent et ne l'incommodait pas.

En revanche, son adjointe Sylvie Lemaître ne le supportait pas. Il n'y avait qu'en sa présence que le policier prenait conscience du capharnaüm avec une certaine contrariété.

Il souleva son vieux mug fêlé sur lequel figurait l'effigie du commissaire Maigret et avala une gorgée de son café froid en pensant pour la énième fois ce matin-là au paquet de clopes qu'il avait oublié dans la poche de son gilet pare-balles resté dans sa voiture. Le moment n'était pas propice à une pause cigarette dans la cour carrée de la préfecture de police. Saloperies de nouvelles directives.

— Il fout la merde partout, il ne répond jamais quand on l'appelle, ça ne peut pas continuer comme ça. Je veux bien croire qu'il a subi un choc avec le décès de Chloé, mais il faut réagir, Dimitri, sinon il va nous plomber le service !

Le commissaire divisionnaire ne releva pas, son adjointe avait raison : le laboratoire l'avait appelé la veille pour pleurnicher à propos d'une conversation qu'ils avaient eue avec lui.

Pralin leva les sourcils. Il pensait à Simmeo. En réalité, il l'aimait bien, mais il n'ignorait pas que son commandant avait la fâcheuse manie de fouiner partout avec son regard éternellement cynique et ses remarques acides.

— C'est vrai, tu as raison.

Boucheron et son groupe restaient probablement les seuls qui supportaient encore de travailler avec lui. Il faut dire qu'eux aussi étaient un peu originaux.

— Personne n'ose le dire franchement, mais ce type n'est pas fait pour travailler dans la police, on dépend beaucoup trop les uns des autres et lui la joue trop perso. Depuis le premier jour en plus.

Puis elle se tourna vers Boucheron et ajouta, vindicative :

— Jérôme, qu'est-ce qui t'a pris de le laisser s'intéresser à cette affaire de Japonais ?

Le chef de section à la brigade criminelle regarda l'adjointe droit dans les yeux.

— Achille a toujours été et il est encore un enquêteur hors pair, Sylvie. Voilà pourquoi.

— Bon bon, je sais bien qu'on ne peut pas le virer comme ça, et surtout pas dans la situation actuelle. Mais il va falloir trouver une solution, chef, ajouta-t-elle à l'attention du divisionnaire Dimitri Pralin.

Boucheron n'en démordait pas :

— Si on lui fichait un peu la paix ?

Remontée comme une pendule, l'adjointe du chef de la brigade passa en revue les dossiers brûlants, comme si Pralin ne les connaissait pas. Patient, le divisionnaire écouta : l'incendie d'un foyer de réfugiés à Clichy, vraisemblablement d'origine criminelle ; le gars de la bande de jeunes du 13e massacré à coups de couteau ; le meurtre d'un cycliste dans le bois de Vincennes. Et, pour couronner le tout, le trans du palace – heureusement, il était parvenu à régler cette mélasse. Sans compter les menaces terroristes qui planaient sur la campagne présidentielle.

— Comme si ça ne suffisait pas ! Il aurait pu s'abstenir de s'occuper de la disparition d'un couple de Japonais morts de leur belle mort et dont on se contrefiche.

— Il n'est pas surdoué, mais c'est un excellent flic et, ça, tu ne peux pas le nier quand même ! affirma Boucheron.

Sylvie Lemaître se dirigea vers la fenêtre et contempla les bâtiments d'en face. Bien sûr que personne n'ignorait que Simmeo avait connu ses heures de gloire – la traque d'un tueur en série, l'infiltration dans un groupuscule terroriste, autant de dossiers résolus qui avaient définitivement rangé Simmeo dans la catégorie des fins limiers – mais l'homme l'insupportait : Sylvie Lemaître détestait le flegme de Simmeo.

— Et si on lui fichait un peu la paix, comme l'a suggéré Boucheron tout à l'heure ? intervint soudain le chef de la Crime.

Sylvie Lemaître le fusilla du regard mais garda le silence. Pralin composa la ligne directe de Simmeo, lequel décrocha immédiatement.

— Tu peux monter cinq minutes ?

Le commandant était en train de feuilleter le programme de Drouot. Que lui voulait le patron de si urgent à un quart d'heure de la quille ?

— Bien sûr, chef. J'arrive.

Dans le bureau du chef de la brigade criminelle, il fut immédiatement surpris par la mine fermée de Boucheron et par son regard perçant.

— Il y a un poste à la brigade financière qui te permettra de terminer ta carrière en beauté, annonça tout de go Pralin.

Sylvie sourit, admirative de la manœuvre du patron. Habile, ce dernier proposait carrément que Simmeo quitte le service. Pour l'heure, le commandant ne perdait pas la face ; avec la nonchalance qui le caractérisait parfois et avait le don d'en excéder plus d'un, il croisa les bras.

— Je sais pas quoi vous dire, répondit-il finalement.

Pralin sourit largement.

— Un paquet de primes, pas mal d'avantages, un rythme plus tranquille, je suis sûr que tu vas vite savoir quoi dire...

Simmeo, pas dupe, surenchérit, imperturbable :

— Je sais pas, il faut que je réfléchisse.

— C'est tout réfléchi, le coupa Pralin qui avait du mal à maîtriser son impatience.

Simmeo fixa le chef de la brigade criminelle. Les deux hommes se connaissaient de longue date, ils avaient traversé plusieurs crises et remaniements de la préfecture.

— Non, vous n'avez pas compris : *je* vais réfléchir.

Simmeo connaissait ses droits et les quelques heures de délai dont il pouvait bénéficier. Pralin ne l'obligerait à rien, il le savait et, afin de signifier que l'entretien était terminé, il revint derrière son bureau. Simmeo se tourna vers Boucheron.

— Ça tombe bien, cette réunion informelle, je voulais justement te faire part d'un souci dans l'affaire des Japonais.

Pralin se crispa. Il fulminait.

— Tu l'as voulue tu l'as eue, alors règle-nous fissa cette procédure. La Crime ne fait pas dans le social et n'a pas à gérer les morts naturelles.

— Sauf que le « naturel » dont ils sont morts leur ayant été inoculé, j'appelle ça un crime. Pas un, mais quatre d'ailleurs !

— On s'en tape ! vitupéra Pralin avant de se calmer et d'ajouter, comprenant soudain que le commandant insinuait qu'il y avait un souci : Comment ça, quatre ?!

Simmeo leva un à un les quatre doigts de sa main.

— Le couple mort sur notre territoire (deux), le yakuza retrouvé dans l'ambassade (trois) et...

— Qu'est-ce que tu racontes ? le coupa Pralin. Pour le couple, la DEPI a été refusée, je te le rappelle. Quant au cadavre dans l'ambassade, c'est une mort naturelle, le dossier est classé.

— Classé ? Ils ne cherchent même pas à comprendre comment leur yakuza a atterri dans un des bureaux de notre ambassade ?

Il montra la coupure de presse relatant le suicide par *seppuku* du bras droit du Santoka Gumi.

— Et alors ?

— Et alors il faudrait vérifier des circonstances de sa mort. Je pense que lui aussi a été empoisonné.

Sylvie Lemaître haussa les épaules :

— Tu ne veux pas non plus qu'on se cotise pour t'offrir un séjour à Tokyo tant qu'on y est ?

La DEPI autorisait que le coût du voyage soit pris en charge par l'État français. Forcément, en tant que cerbère des finances, l'adjointe veillait au grain.

— Non, expliqua Simmeo en pensant aux milliers d'euros sur son compte.

Il calcula rapidement qu'il pouvait bien se permettre un voyage.

— Par contre, je pose une semaine de vacances...

Le téléphone de Pralin sonna et ce dernier profita de l'occasion pour abréger la conversation :

— Écoute, cette affaire n'intéresse personne, sauf toi. Fais ce que tu veux mais ne me fatigue pas, précisa-t-il en décrochant le combiné. Et tu as deux jours pour réfléchir et me donner ta réponse, asséna-t-il en lui faisant un signe de tête qui signifiait qu'il pouvait disposer.

— Comptez sur moi, mentit Simmeo en tournant les talons.

Le monde de Simmeo était comme une page blanche. *Je vais le refaire,* se promit-il sans conviction, avançant vers le port de Javel. Les clés de la péniche alourdissaient sa poche, il avait ses deux mains encombrées par des seaux chargés de produits de nettoyage et de sacs-poubelle. Il ne savait à quoi s'attendre, les photos présentées par le notaire avaient tout aussi bien pu être retouchées et il craignait le pire, un taudis si cela se trouvait. Durant sa carrière, il s'était plus d'une fois immergé dans d'autres vies que la sienne – celles des victimes ou des suspects, leurs familles –, or passer au crible l'intimité des gens relevait parfois d'une certaine gageure. Saisines dans des immeubles bourgeois, scènes de crime dans des décharges ou témoins lui avaient en tout cas confirmé que, entre les apparences et la réalité, le gap était souvent brutal. *La vie a des apparences trompeuses. Cela n'a rien de spectaculaire.*

Un remorqueur dépassa l'esquif, Simmeo écouta le fracas d'une vague prisonnière d'un pylône, le martèlement régulier d'un mât quelque part. L'eau se gonfla à nouveau, agitée par un puissant courant aspirant. Alors qu'il contournait une autre jetée, l'hôtel

Nikko déchira le ciel comme s'il cherchait désespérément à s'échapper.

Sous le pont de Grenelle, le vent capricieux charriait un air sec. Admirer la Seine, ses bateaux, ses quais et ses passants depuis son balcon était une chose; y choisir d'en faire son lieu de vie était une autre paire de manches, un pas que Simmeo ne se sentait pas de franchir. Cette vie sur l'eau exigeait une fantaisie marginale qu'il admirait mais ne possédait pas. Et puis, en tant que flic, il savait que les quais de Paris la nuit, même réhabilités, charriaient une réputation scélérate.

Port de Grenelle, il fut surpris par l'alliance de la cacophonie de la ville et le calme de l'eau : bruit de passage du RER C d'un côté, celui du métro aérien sur le pont de Bir-Hakeim au loin, l'île aux Cygnes, la Maison de la Radio, la statue de la Liberté.

Il avança devant un bateau de croisière d'une centaine de mètres à cinq ancres et deux ponts duquel jaillit une horde de retraités. Il s'écarta pour les laisser passer, ressentit une gêne en longeant les cabines au luxe factice : cette vision lui ficha le bourdon. Il ne se reconnaissait pas dans ce confort dressé en étendard, presque agressif. Ce n'était pas le monde tel qu'il l'espérait.

Veillant à ne pas tordre sa cheville sur les pavés du quai, sans bien savoir où était précisément amarrée *sa* péniche parmi les embarcations fleuries – la propension de l'être humain à ériger le possessif –, il se concentra puis, enfin, repéra *Poséidon*.

Une corniche sculptée courait le long des avant-toits dont chaque chevron était décoré de métal ouvragé en forme de tridents et de navires couverts de vert-de-gris. Le dieu de la mer chevauchait un minotaure au-dessus de l'entrée principale.

Le notaire n'avait pas menti : l'endroit valait sans doute la somme annoncée. Matériaux de premiers choix, modernité des équipements, dernières technologies, jacuzzi adjacent à la suite parentale... *Délirant.*

Dans la cuisine, Erwan Leguennec avait pris soin d'entreposer dix cartons de perrier-jouët, plusieurs caisses de grands crus. Simmeo resta sans voix.

Qu'est-ce que je vais faire de ça ?

— Tu es devenu dingue ou quoi ?

Calanques, intrigué par le ton laconique du message de son équipier et ami, l'avait rejoint port de Grenelle.

Ébahi par le havre de paix intérieur bois de la spacieuse péniche, il tentait de comprendre Simmeo, prostré sur le canapé en cuir.

— Qu'est-ce que tu veux que je fiche d'une péniche ? Je tiens déjà à peine debout sur une planche à voile, franchement... Alors que toi, tu es un bucolique qui s'ignore.

— Je ne m'ignore pas ! Je suis un bucolique qui s'assume totalement, répondit Calanques en riant aux éclats.

Simmeo lui tendit les clés et les papiers du bateau.

— Tout est en règle. Tu l'offriras à mon filleul à sa majorité.

Simmeo était le parrain du fils cadet de Calanques. Bluffé, Calanques ne sut quoi dire. Il hochait la tête.

— Voyons, Achille, je ne peux pas accepter.

— Mais si !

Calanques, incapable d'aucune réaction, hochait la tête comme un pantin derrière le pare-brise d'un vieux pick-up.

— Regarde, c'est très facile...

Achille fourra les clés et les papiers de la barge de luxe dans la poche de Calanques.

— Tu fais vraiment chier, Achille.

— Ouais, je sais, il y a des jours où tu ne me comprends pas.

Il leur servit un verre, tendit l'un d'eux à Denis Calanques puis leva le sien.

— Abondance de biens ne nuit pas, mon pote... ajouta-t-il en lui tapotant fraternellement l'épaule.

Prépare-toi à la mort
Prépare-toi
Bruissent les cerisiers en fleur

Kobayashi Issa.

TOKYO

Survivre, renaître de ses cendres, décliner ou reverdir : à Paris comme à Tokyo, un cabinet médical restait l'endroit de tous les possibles.

Le yakuza Sanzo Okanabe entra dans la salle d'attente sans retirer couvre-chef ni lunettes noires malgré la pénombre qui régnait dans la pièce. Il portait son masque sanitaire, un élégant costume rayé et tenait en laisse ses trois énormes cochons. Il n'eut pas le temps de s'asseoir, le médecin entra. Blouse blanche, masque chirurgical remonté sur ses cheveux noir corbeau en bataille, la cinquantaine, le docteur asiatique ressemblait à un Einstein sans moustache ni malice. Il inclina son buste, Sanzo Okanabe l'imita en silence.

Dans le cabinet, le docteur ausculta le yakuza du Santoka Gumi sans un mot. Tandis que le patient se rhabillait, il prit enfin la parole :

— On va doubler les doses d'une partie de votre PCT.

Il s'agissait de la polychimiothérapie que Sanzo avait débutée trois mois auparavant, trois antibiotiques utilisés pour le traitement de la lèpre.

— Ça ira mieux ? s'enquit le yakuza.

Sanzo avait beau savoir que cette saloperie n'était pas mortelle, que la maladie avait été prise à temps, que le traitement évitait de sévères invalidités voire des handicaps permanents, le cocktail de PCT avait son revers. Des effets qui n'étaient secondaires que pour ceux qui les observaient.

Le médecin prit une inspiration et annonça :

— En passant à deux doses de clofazimine, vous serez moins fatigué.

Il s'assit pour rédiger l'ordonnance.

— Nous nous reverrons pour un bilan juste avant les fêtes de l'O-Bon, conclut-il en la tendant à Sanzo.

Dans quatre mois. Pour la fête des Morts. Mauvais augure.

PARIS

Lorsqu'il avait appris qu'Eliott Principal était en déplacement à Tokyo où il devait cuisiner pour une réception à l'ambassade de France, Achille n'avait pas hésité : toute sa vie, il avait eu des désirs de voyage inassouvis par la phobie de l'avion de Chloé. Cette fois, plus d'excuses possibles : il avait tellement de jours de congé engrangés que son chef avait validé sur-le-champ cette demande de vacances.

Mieux, lorsque Simmeo lui avait confié son désir de visiter Tokyo, Sophie avait récupéré une invitation pour le dîner de l'ambassade grâce à son amant, haut dirigeant au ministère. Sophie était depuis plusieurs années la maîtresse d'un homme marié. Simmeo et Chloé, rares privilégiés à être dans la confidence, l'avaient rencontré à plusieurs reprises.

Le type était fort sympathique, pourtant Simmeo avait toujours gardé ses distances. Un homme capable de mener de front plusieurs vies avait tendance à l'effrayer, lui qui avait déjà du mal avec une seule.

Simmeo avait toujours été fasciné par l'indépendance d'esprit de Sophie qui ne se plaignait jamais de cette situation baroque. Elle lui convenait parfaitement : « J'ai les avantages sans les inconvénients », claironnait-elle.

Toujours était-il que cet amant avait pu en dire plus à Sophie au sujet de la réception organisée à l'ambassade de France à Tokyo. Il s'agissait de rendre hommage aux victimes de la catastrophe qui avait eu lieu le 11 mars 2011 à Fukushima.

— Veinard, tu me raconteras ! lui avait glissé Sophie en lui tendant l'invitation. Nœud papillon obligatoire, avait-elle ajouté.

Pour la remercier, Simmeo lui avait proposé un verre.

Ils avaient parlé de Chloé. La femme de Simmeo, assistante sociale pour les gens du voyage, avait été tuée à coups de hache par un homme dont elle suivait le dossier et qui, selon toute vraisemblance, aurait dû être interné depuis longtemps. Mais les failles de la justice lui avaient été profitables. Après cette douloureuse expérience personnelle, Sophie s'était lancée dans des actions destinées à mettre en lumière les dysfonctionnements de la justice. Cette fois, elle s'occupait du cas d'Arthur, un jeune homme dont la mère avait été assassinée par le fils de son deuxième mari.

Sophie, comme à son habitude, était portée par son récit.

— Papa défend son fils criminel, dont l'avocat plaide la légitime défense.

— Quelle légitime défense ?

— Tu as bien entendu ! La légitime défense au motif que la mère d'Arthur aurait giflé son beau-fils. L'avocat assure que ce dernier s'est juste défendu et n'a pas maîtrisé sa force ni sa colère.

Sophie pouvait devenir redoutable face à une injustice et assura à Simmeo que la défense de l'avocat était totalement fausse : Isabelle, la mère d'Arthur, avait été violée avant d'être étranglée. Le beau-fils en question avait vingt-trois ans. Son père, aveuglé, continuait de l'appeler « Chéri » comme s'il restait un petit garçon. Le jeune homme n'avait jamais connu de limites ou de règles. Aujourd'hui, il accumulait tous les symptômes d'un sérieux psychopathe.

« Des signes qui ne trompent pas », assurait Sophie qui connaissait le dossier par cœur. Le procès avait été difficile pour Arthur : son beau-père, prêt à tout pour sauver son fils meurtrier, avait témoigné contre sa feue épouse (la mère d'Arthur), tentant de bafouer sa mémoire. La justice n'avait pas été dupe, condamnant lourdement le jeune criminel agressif et récidiviste (Isabelle avait déposé plusieurs mains courantes concernant le harcèlement qu'elle subissait de la part de son beau-fils, ses intrusions récurrentes, ses vols d'argent ou de bijoux).

— Un grand classique, conclut Achille qui ne voyait pas ce qu'il y avait d'exceptionnel. Il a pris combien ? demanda-t-il en jetant, mine de rien, un œil à sa montre.

Il s'agissait de ne pas rater son avion. Il rassembla ses affaires, régla l'addition.

— Vingt ans.

Achille se leva.

— Il purge sa peine. Pour moi, c'est OK.

Ces quelques mots provoquèrent l'équivalent d'un électrochoc dans l'esprit de Sophie.

— Mais enfin ! Pas toi, Achille ! La maison poulaga t'a ramolli la cervelle ou quoi ?! Arthur tente de récupérer son héritage, il se heurte au refus de son beau-père, détenteur de l'usufruit de cette maison de famille qu'Isabelle avait héritée de son premier mari – le père d'Arthur, mort brutalement. Pire, Arthur n'a pas eu le droit d'y récupérer les souvenirs de sa mère ni ses propres vêtements ! Et je ne parle même pas du fait que le beau-père d'Arthur touche la pension de réversion de la femme que son fils a assassinée. Alors bien sûr que non, tout n'est pas « OK » ! opposa Sophie en mimant les guillemets.

Une fois dans le taxi qui le menait à l'aéroport, Simmeo réalisa que Sophie avait raison : si ce monde ne bougeait pas, il sombrerait.

Douze heures de vol sans escale, plus de dix mille kilomètres. Jamais il n'était parti aussi loin. Simmeo se sentait léger, presque heureux de prendre le large.

De bonne humeur, le pilote annonça que les conditions météorologiques étaient parfaites pour voyager.

Confortablement installé – il s'était offert une business –, Simmeo passa sa première heure – si ce n'est deux – à tripoter l'écran, découvrir les multiples fonctions, visionner les bandes-annonces de tous les films proposés, lire le plan de vol, agrandir la carte 3D, consulter le menu. Au moment de sa réservation, il avait lu que le cuisinier qui signait le menu proposé par la compagnie aérienne était un des disciples du chef Eliott Principal – merveilleuse technologie qui faisait qu'en payant votre billet en ligne vous réserviez votre choix de dînette aérienne.

Entre les quatre plats chauds proposés (château filet de bœuf poêlé / poulet sauté légèrement épicé / risotto aux cèpes / crevettes + orange + pomme de terre), Simmeo avait opté pour les crevettes et ses billes de carottes. Après un amuse-bouche sympathique – noix de Saint-Jacques-confit de tomate –, une entrée composée d'un délicieux foie gras au piment d'Espelette, le plat arriva enfin. Simmeo photographia la belle présentation, les couleurs séduisantes. En bouche, c'était simple et efficace, chaud comme il faut, la sauce, légèrement douce aux parfums d'orange sur les crevettes tendres et goûteuses, était savoureuse. Le plus surprenant : sous une feuille de soja verte, un subtil mélange de champignons et de pommes de terre fondait dans la bouche avant que le segment d'orange en tourbillon dans la bille de carotte n'explose en bouche. Il nota de le raconter à Marius.

Alors que la majorité des passagers se préparait à dormir, Simmeo installa son espace en coin bureau. Michèle Poirier avait une corde maléfique à son arc d'enquêtrice : geek, passionnée par le langage informatique et la Toile, technicienne hors pair, elle excellait lorsqu'il s'agissait de pirater les ordinateurs ou repérer des sites illégaux. Suite à une récente formation, elle était devenue *la* spécialiste du dark net pour la Crime en général et pour son groupe – donc ses équipiers – en particulier. Achille n'était pas le dernier à faire appel à ses services : s'il s'était mis à Internet, il restait un total néophyte.

En l'occurrence, PM avait pénétré dans l'ordinateur du restaurant de L'échoppe qui danse toute seule, récupérant de nombreuses données. Une mine d'or pour Achille qui cherchait justement à quoi occuper la première partie de son voyage.

Il posa ses notes, le dossier de son enquête officieuse ainsi que le livre *L'École de Salerne* prêté par son copain chimiste. S'il avait eu l'occasion de lire des portraits de Marie Besnard ou Violette Nozière, il n'avait jamais eu à se confronter en tant que flic à aucun cas d'intoxication – ou alors des suicidés.

Il revit le visage de la belle Japonaise déformé par son foudroyant cancer du foie et décida de se concentrer. Tout avait été si vite : la rencontre hasardeuse à Drouot; les retrouvailles dans le palace avec Yuki Takanori; la transformation fulgurante de la dame empoisonnée au césium 137 ; l'accident de la route déclenché par un savant dosage de plantes prêtes à traire dont fut victime Mashaho Takanori ; l'infarctus de Benkei Urimano, retrouvé mort dans l'ambassade de France à Tokyo ; le suicide de Masamune Yakunari suite au diagnostic d'une foudroyante tumeur au cerveau.

Quatre personnes identifiées comme appartenant à la pègre la plus puissante du Japon. Ils se connaissaient de longue date, traitaient même des contrats ensemble, et avaient en commun d'avoir tous dîné dans le même restaurant parisien l'avant-veille (pour Urimano et Yakunari) ou la veille (pour le couple Takanori) de leur mort. Pas n'importe quel restaurant : L'échoppe qui danse toute seule, étoilé ultraconfidentiel d'un maître de l'art culinaire.

Simmeo avait vérifié les rares (et ultimes) mots de Yuki Takanori. La dame n'avait pas menti, sa présence au défilé confirmée. Simmeo avait appris que la fille du parrain de la pègre japonaise était une redoutable marchande d'art, extrêmement cultivée. Les vidéos du casino confirmaient que son époux se trouvait à Enghien. À cette occasion, Simmeo avait pu remarquer que l'homme portait avec lui une Thermos de thé. Ou bien le yakuza estimait que la préparation du breuvage était trop sérieuse pour la confier à un ignorant. Ou bien il craignait d'être empoisonné. Avait-il eu vent d'un complot contre lui ? Ce qui étonna Simmeo fut le sérieux du monsieur : concentré sur sa partie, il n'accorda pas un seul regard à une escort-girl qui tentait de le débaucher. Le vieux renard était trop rusé pour tomber dans un piège aussi grossier.

Simmeo soupçonnait que quelqu'un utilisait le restaurant du chef réputé pour commettre ses forfaits : le chef? L'un de sa brigade? Une personne en tout cas au fait de la présence de certains membres du Santoka Gumi à Paris et capable d'extraire les molécules ultraconcentrées de plantes prêtes à traire puis de les englober dans une bille comestible. Une personne alliant compétences culinaires et connaissances en chimie.

Simmeo feuilleta les fiches de synthèse que PM avait rédigées au sujet des protagonistes de L'échoppe qui danse toute seule.

Le chef, expert en la matière, avait une solide formation culinaire mais aucun diplôme en chimie – et dans la mesure où il s'entourait de scientifiques, il n'en avait nullement besoin. Il revendiquait une cuisine ancrée dans la société, entre tradition et innovation.

Suzanne, sa fille, possédait un double cursus – cuisine et médecine – mais était en totale opposition gastronomique avec son père. Pour elle, la science restait au service de la création culinaire, et non l'inverse.

La brigade du chef rappela la Crime à Simmeo : une unité complémentaire. Au vu des CV et des alibis vérifiés, PM avait conclu par un lapidaire *UNWANTED*.

Quant aux élèves ou commis, Simmeo parcourut rapidement le topo de son équipière. Aucun ne semblait encore posséder l'audace nécessaire pour surpasser son maître, chaque chose en son temps.

Simmeo s'enfonça dans sa banquette, surélevant ses pieds.

Par une synergie chimique que le meurtrier maîtrisait sans conteste, les molécules choisies agissaient sournoisement : en s'activant au contact des molécules humaines comme les enzymes de la salive, lors de l'ingestion, elles n'atteignaient pas l'estomac mais mitraillaient les globules de sa victime, créant un véritable carnage interne, un champ de bataille peu banal. Il avait questionné Marius avant de partir :

— Mettons que la personne à assassiner ait un problème de santé l'obligeant à un traitement médicamenteux et que celui qui veut la tuer le sache, est-ce que ça lui servirait?

— S'il veut se faire plaisir pour masquer son crime, ce serait du pain bénit! En connaissant la pathologie de sa future victime, il peut étudier les molécules contenues dans le médicament du malade pour trouver celles dont la synergie va provoquer l'effet inverse du traitement initial.

L'antidote redevenait poison... Doublement diabolique. Diablement efficace.

Choisir cette méthode induisait en tout cas que le moteur du tueur était particulièrement puissant. Aussi puissant que les yakuzas auxquels il s'attaquait.

Le machiavélisme du scénario, la réflexion puis la préparation qu'exigeait sa mise au point : pour Simmeo se dessinait le portrait d'un meurtrier qui n'avait pas seulement prémédité son geste. Il l'avait mûri, faisant du temps son allié.

Le temps, le geste... Le credo d'Eliott Principal.

À l'accoutumée, la légende voulait que l'empoisonnement soit réputé comme mode opératoire féminin. Quand on est flic à la Crime depuis plus de vingt ans, on a eu affaire à trop d'exceptions pour continuer à croire aux certitudes des contes de fées.

Ravi de constater que la compagnie aérienne proposait du champagne, Simmeo en commanda en allumant son ordinateur.

Il cliqua sur le dossier préparé par PM. Grâce à l'experte en cyber enquête, Simmeo accéda au fichier réservations de L'échoppe qui danse toute seule depuis l'ouverture du restaurant, quatre ans auparavant.

Très instructif : le passif signalait que les Takanori avaient commencé à venir dès l'ouverture, puis à chacun de leur séjour à Paris. Deux ou trois par an, selon les années.

Masamune voyageait moins souvent mais avait tout de même dîné plusieurs fois dans cette réserve étoilée de Paris. Et ce, dès l'ouverture aussi.

Le plus intriguant était Benkei Urimano. Aucune trace de lui avant les huit derniers mois. Soit le bonhomme avait découvert cette adresse plus tard que ses comparses, soit il avait mis du temps à y être coopté, soit il n'avait jamais mis les pieds à Paris avant.

Un détail frappa cependant Simmeo. Les quatre victimes avaient entre soixante-cinq et soixante-douze ans.

Comme le chef.

Tous de la même génération.

Sans certitude que cette information soit ou non capitale, le policier la nota. Il avait appris à ne mépriser aucune de ses idées, même les plus saugrenues. L'enquête faisait ensuite elle-même son propre tri.

Depuis combien d'années les quatre yakuzas se côtoyaient-ils ? Pourquoi eux ? Pourquoi et comment le meurtrier les connaissait-il ? Qu'avaient-ils en commun pour que le meurtrier les élimine ? Surtout : d'autres victimes étaient-elles à redouter ? Cette dernière question le hantait depuis le moment où il avait compris qu'il y avait un lien entre les quatre cadavres.

Pour l'heure, Simmeo n'avait aucun élément toxicologique concernant les mafiosi nippons morts chez eux. Il comptait donc se les procurer durant son séjour à Tokyo – grâce aux informations glanées sur l'ordinateur du chef Eliott Principal, Simmeo avait réservé son retour sur le même vol que celui du chef, dans cinq jours.

— Une autre coupe, monsieur ?

Il ferma son ordinateur : réflexe professionnel un brin paranoïaque lui dictant qu'une personne dans son dos restait une menace. L'hôtesse venait de lui proposer un peu plus de son alcool favori. Certains affirmaient qu'avec l'altitude l'ivresse venait plus vite. Simmeo n'y croyait pas.

— S'il vous plaît, oui...

Il se sentait comme un VIP et reconnut que ce n'était pas désagréable.

L'hôtesse lui déposa sa coupe de champagne, Simmeo la leva et murmura :

— À la vôtre, Erwan Leguennec, avant d'avaler une gorgée.

Marius avait confié au policier une édition originale de l'ouvrage *L'École de Salerne* datant de 1880. Le chef Eliott Principal possédait son propre exemplaire, Simmeo l'avait vu sur une étagère lorsqu'il s'était rendu à L'échoppe...

Il s'agissait de la traduction en vers français du plus célèbre régime de santé avec planches et textes en latin. Marius conseillait au policier la seconde partie du livre : « Matière médicale ».

Simmeo eut la confirmation que, selon les pathologies, chaque aliment pouvait être soit poison soit antidote. Son intuition se confirmait : avec ce livre, un bon cuisinier n'avait pas besoin d'être Marie Curie ou Jean-Pierre Sauvage pour transformer ses recettes en molécules meurtrières.

À ce stade, le premier suspect qui pointe s'appelle Eliott Principal, conclut Simmeo en claquant le livre.

Eliott Principal, répéta-t-il en lui-même. Il tenta de s'imaginer le chef en pleine traite de plantes. Se le figura sur un tabouret en bois d'olivier, tirant sur les pis d'if. *Si ce mode opératoire inédit était avéré, il y aurait de quoi le breveter.*

Il découvrit ensuite la fiche sur Eliott Principal que PM lui avait concoctée. Simmeo souhaitait en apprendre davantage sur son principal suspect : le chef, avant qu'il n'en soit un. Dans les archives, PM avait mis la main sur le dossier d'Eliott lorsqu'il était étudiant.

ELIOTT PRINCIPAL A BRILLÉ SUR LES TERRAINS D'ATHLÉTISME DEPUIS LA SECTION DES POUSSINS. D'APRÈS SON ENTRAÎNEUR, IL AURAIT FAIT UN CHAMPION OLYMPIQUE FORMIDABLE DANS L'ÉQUIPE DE FRANCE S'IL AVAIT ASSISTÉ PLUS SOUVENT AUX ENTRAÎNEMENTS PLUTÔT QUE DE DILAPIDER SON TEMPS LIBRE SUR SES FICHUS PLANS. ELIOTT VOYAIT SON AVENIR À SON BUREAU D'ARCHITECTE IMAGINANT LES MAISONS DU FUTUR.

SON DIPLÔME D'ARCHITECTE FRAÎCHEMENT FÊTÉ, ELIOTT OBTIENT UNE BOURSE POUR AFFINER SA THÈSE SUR LE MOUVEMENT MÉTABOLISTE JAPONAIS. À 24 ANS, ELIOTT A PAS MAL D'IDÉES ET – PLUS IMPORTANT POUR UN ARCHITECTE – AUTANT DE PERSPECTIVES : IL AVAIT LU L'ESSAI DE FUMIHIKO MAKI SUR LES *COLLECTIVE FORM DE JUIN 1964,* ADMIRÉ PUIS COPIÉ LES DESSINS D'ARCHIGRAM.

POUR CES VISIONNAIRES CONVAINCUS QUE LES LOIS TRADITIONNELLES RÉGISSANT LA FORME ET LA FONCTION ÉTAIENT OBSOLÈTES, IL FALLAIT EXPLORER LES LOIS DE L'ESPACE ET LA TRANSFORMATION FONCTIONNELLE. POUR EUX, C'ÉTAIENT ELLES ET ELLES SEULES QUI CONTENAIENT LE FUTUR DE LA SOCIÉTÉ ET DE LA CULTURE.

AFIN DE DÉCROCHER LA PRESTIGIEUSE BOURSE PROPOSÉE PAR SON ÉCOLE, ELIOTT DÉFEND BRILLAMMENT SON SUJET : « *IMPORTANCE OU RELATIVITÉ D'ÊTRE FLEXIBLE ET D'AVOIR UNE STRUCTURE EXTENSIBLE RENDANT POSSIBLE UN PROCESSUS DE CROISSANCE ORGANIQUE.* »

LE PRÉSIDENT DU JURY, ARCHITECTE CANADIEN D'ORIGINE JAPONAISE RESCAPÉ D'HIROSHIMA, LUI FACILITE SON ARRIVÉE DANS LA CAPITALE NIPPONE PUIS SON IMMERSION DANS LE CABINET DE L'ARCHITECTE DE KISHŌ KUROKAWA, MAÎTRE DU MOUVEMENT MÉTABOLISTE. ELIOTT SAISIT CETTE OPPORTUNITÉ AVEC GRATITUDE ET EN GARDANT À L'ESPRIT CETTE CITATION TIRÉE DU RÉCIT D'ALBERT LONDRES, *AU JAPON : « TOKYO EST UNE SUITE DE VAGUES AGITÉES ET LES PROMENEURS SONT DES BARQUES BALLOTTÉES ENTRE CHACUNE.* »

Délaissant le texte, Simmeo se demanda, comme Eliott en son temps, ce que lui réservait la découverte de Tokyo. Il vérifia sur sa tablette. *Arrivée prévue dans 90 minutes*. Il n'allait plus tarder à le savoir...

Il inclina son fauteuil en position allongée. Avant de fermer les yeux, il s'interdit de penser à Chloé et, lorsqu'il s'assoupit, il resta concentré sur la suite.

Des événements / De sa propre vie / Des éléments de cette enquête hors normes / De ce voyage.

Et de Tokyo, dont l'approche le grisait...

DEUXIÈME PARTIE

L'origine du sinistre

1970

IL ADOPTE LE JAPON ET C'EST RÉCIPROQUE.
ELIOTT PRINCIPAL EST MORT,
SON PHOENIX RÉPOND DÉSORMAIS AU NOM D'HISHAKU SHOMON.

UN PREMIER TRAVAIL, UNE ŒUVRE, UN COLOSSE. L'ÉLABORATION DU PROJET SPECTACULAIRE ET NOVATEUR DE LA PREMIÈRE *CAPSULE TOWER* DU MONDE.
3 091 M² DE PLANCHER.
13 ÉTAGES.
2 TOURS EN BÉTON ARMÉ SUR LESQUELLES VIENNENT SE FIXER DES MODULES PRÉFABRIQUÉS DE 2,3 M × 3,8 M × 2,1 M ET CONSTITUANT DE PETITS ESPACES DE VIE OU DE TRAVAIL.

UN PREMIER MAÎTRE, L'ARCHITECTE VISIONNAIRE KOROKAWA, QUI LUI INCULQUE LES PRINCIPES DU KENDO.
CONCENTRATION, HUMILITÉ, MAÎTRISE DU GESTE, RÉPÉTITION ET PRÉCISION.

UNE PREMIÈRE AMITIÉ : MIGAWA, JEUNE PRÊTRE SHINTÔ. ADMIRATION DE LA NATURE, CULTE DES ANCIENS.

LE JOUR OÙ HISHAKU CONFIE À SON MAÎTRE QU'IL SOUHAITAIT PROLONGER SA FORMATION À SES CÔTÉS AU-DELÀ DE SA BOURSE FRANÇAISE MAIS QU'IL DEVAIT POUR CELA TROUVER UN TRAVAIL D'APPOINT, KUROKAWA LE PRÉSENTE À UN AMI DU SANTOKA GUMI.

L'HOMME POSSÈDE PLUSIEURS RESTAURANTS ET PROPOSE À HISHAKU UN EMPLOI EN CUISINE.

CONCENTRATION, HUMILITÉ, MAÎTRISE DU GESTE, RÉPÉTITION ET PRÉCISION.

IL PRATIQUE QUELQUES GAMMES À LA PLONGE PUIS À LA DÉCOUPE DES ALIMENTS.

GINGEMBRE, OIGNONS, CORIANDRE EN LAMELLES.

CONCENTRATION, HUMILITÉ, MAÎTRISE DU GESTE, RÉPÉTITION ET PRÉCISION.

IL APPREND À DÉCORTIQUER LA RACINE DE WASABI POUR QU'ELLE DEVIENNE CONDIMENT.

CONCENTRATION, HUMILITÉ, MAÎTRISE DU GESTE, RÉPÉTITION ET PRÉCISION.

UNE RÉVÉLATION.

Une rencontre est presque
le début d'une séparation.

Proverbe japonais.

L'avion atterrit à Tokyo avec une heure d'avance tant la météo était idyllique.

La calligraphie dynamique réveillait les sens.

Un choc puissant envahit le policier français. Il suivit les *EXIT* respectant les flèches sur le sol.

Lorsqu'il croisa un couple de quadras japonais, il les dévisagea, mine de rien, se souvenant soudain du jour où, enfant, il avait rencontré pour la première fois une personne asiatique, amie d'un collègue de son père. Il n'avait jamais repensé à cet événement et sourit en laissant remonter ce souvenir. Il devait avoir cinq ou six ans et, en voyant le visage de la dame pénétrer dans le vestibule, il était resté bouche bée devant cette différence avant de courir chercher sa mère. Puis il s'était écrié : « Maman, maman ! Il y a une dame qui vient de la lune ! »

Il avait réservé un guide-traducteur et, pas pressé, sortit de l'aéroport, prêt à allumer une cigarette, lorsqu'il avisa plusieurs panneaux *No smoking*.

Comment ça, non fumeur? Il était pourtant *dehors*. À l'air libre.

Il remarqua que personne ne défiait les injonctions; au loin, une *Smoking-room* dont il approcha, tirant sa valise. Il poussa la porte en sortant son paquet de sa poche intérieure puis entra. L'endroit faisait environ deux mètres sur trois, il était bondé et enfumé. Immédiatement, Simmeo se sentit oppressé et ridicule. Les volutes de tabac mélangé – blond, brun, américain ou mentholé – étaient indigestes, alors, avec le sentiment de se trouver enfermé dans un cendrier qui n'aurait pas été vidé depuis trop longtemps, il rangea sa tige et sortit, préférant le ciel bleu et le soleil sans cigarette que cette cage à fumeurs. Comme Eliott Principal avant lui, respectant le postulat que Tokyo se méritait, que les Japonais décourageaient les hâtes trop curieuses, qu'ici la discrétion était un art de vivre, Achille choisit de se comporter en étranger, avec humilité et respect.

— Monsieur Achille?

Simmeo redressa la tête; le jeune homme qui lui faisait face se prénommait Wiki. Trente et un ans, il avait l'avantage d'avoir étudié en France quelques années. Il portait des lunettes rondes, lesquelles relevaient l'espièglerie de son regard sombre et profond, un jean droit un peu trop grand et un pull uni de bon goût. Des mèches vertes teintaient ses cheveux drus foncés, l'une d'elles barrait son front. Aujourd'hui, afin d'arrondir ses fins de mois difficiles, il proposait ses services de traduction aux touristes français pour un tarif raisonnable. Mais ce qui avait décidé Simmeo à le sélectionner lui plus qu'un autre candidat résidait dans le fait que, lors de leurs échanges sur la Toile, Wiki avait expliqué être un jeune journaliste qui tentait de se faire un nom dans la presse spécialisée police-justice. Prudent, se méfiant de la traçabilité d'Internet, Simmeo n'avait pas précisé à Wiki sa fonction.

Durant le trajet, Wiki s'enquit de l'emploi du temps du Français, l'informant qu'il restait à sa disposition jour et nuit. Ça tombait bien, Simmeo avait l'intention de dormir peu, comptait mettre à profit la moindre minute de sa présence sur place. Il avait pour l'heure deux obligations :

– cocktail puis dîner à l'ambassade de France,

– musée du Samouraï.

Immédiatement, Wiki énuméra les sites touristiques à ne pas rater « en priorité ; trois jours, c'est très court pour tout faire, monsieur Achille ». Simmeo précisa, mine de rien :

— C'est le chef Eliott Principal qui cuisine pour le dîner de l'ambassade...

Les places en police-justice se méritaient, Wiki avait du mal à s'imposer : les vieux renards en place ne lâchant pas facilement leurs prises, le jeune reporter écrivait sur d'autres sujets lorsque l'occasion se présentait.

Dès qu'il entendit le nom du célèbre cuisinier, une lueur étincela dans son regard – ce qui n'échappa nullement à Simmeo : en obtenant une interview du chef trois fois étoilé réputé dans le monde entier, particulièrement à Tokyo, son rédacteur en chef serait ravi.

— Vous l'avez déjà rencontré ? demanda-t-il au Français en tentant de masquer son excitation – il était en train de réaliser que ce client n'était pas un touriste ordinaire.

Un journaliste restait un fouineur. Un scoop restait un scoop. Une exclusivité, une exclu. Exactement ce que le commandant du 36 avait supposé. *Parfait...*

— Pas précisément, répondit-il, faussement détaché.

La vision de Tokyo en approche subjugua Simmeo, bien décidé à conquérir cette lune d'enfance.

Simmeo avait longuement hésité pour sa réservation d'hôtel : spontanément, son choix s'était d'abord porté sur le palace vu dans *Lost in Translation.* Chloé aurait adoré.

Si je pouvais mourir avant que sèche la rosée
Ce serait parfait

Ozaki Kōyō.

— Monsieur Sanzo, on ne vous a pas appris à frapper avant d'entrer ?

Le docteur, en train d'ausculter un enfant fiévreux que sa mère tentait d'apaiser, se redressa, la mine sévère.

— J'ai encore fait un malaise...

Sanzo Okanabe ferma la porte du cabinet médical derrière ses cochons, oripeaux domestiqués. Il retira le masque sanitaire de son visage, révélant des lésions cutanées qui rappelaient les gueules cassées ravagées par les gaz, rongées par les obus. L'enfant hurla devant ce désastre, la mère eut un mouvement de recul face aux porcs et, lorsque le toubib lui proposa de patienter un instant dans la salle d'attente, la dame ne se fit pas prier. Elle prit d'ailleurs soin de contourner le pestiféré et sa porcherie.

— On va faire des analyses plus complètes, expliqua enfin le médecin à Sanzo en enfilant des gants chirurgicaux.

Il saisit un appareil photo relié à un écran électronique puis photographia une à une les boursouflures du corps tatoué du yakuza. L'une, sur le torse, était particulièrement impressionnante.

L'un des bras révélait une longue et large tache dépigmentée sur la peau, le médecin la pinça d'un geste ferme. Le mafioso n'eut aucune réaction, confirmant au médecin, de plus en plus soucieux, que la dépigmentation rendait la peau insensible au toucher.

Pour finir, il prit une radio des mains de Sanzo, lequel fronça les sourcils : ses doigts, exempts de toute plaie, n'avaient rien d'inquiétant. Il avait suffisamment de lésions sur le visage et le reste du corps. Dieu merci, ses mains restaient saines.

Toujours en silence, la suite de la consultation bien rodée s'enchaîna : le médecin chargea sur l'écran le dossier médical de Sanzo Okanabe, affichant notamment les clichés précédents. Tandis que son patient finissait de s'habiller, il commença ses comparaisons.

— Vous avez eu d'autres vomissements ?

— Non, répondit le yakuza, prenant soin d'enfiler son masque sanitaire.

Alors qu'il s'asseyait dans le fauteuil en face du médecin, Sanzo Okanabe fut assailli par un puissant haut-le-cœur. Un jet de sang jaillit de ses narines.

Dans le goût mordant du radis
je sens le vent d'automne.

Bashō (芭蕉).

La résidence de l'ambassadeur Bernard Magma dominait un vaste parc luxuriant. Achille découvrit un large et profond bassin de nage qui cachait sous ses eaux une splendide mosaïque représentant une fresque. Un tennis jouxtait le bassin, hélas fermé à double tour. En serrant la main de l'épouse du diplomate, le commandant de police eut du mal à croire que la dame, replète, profitât de la piscine.

Comme l'exigeait le protocole, les femmes portaient des robes longues et les hommes arboraient un nœud papillon. Celui de Simmeo était gris perlé, assorti au costume loué pour l'occasion.

Simmeo savait que la DGSI avait un dossier sur tous ses diplomates. Sans en connaître les tenants ni les aboutissants, le flic du 36 avait glané auprès d'un collègue quelques informations concernant Magma et ses infidélités chroniques. Rien, en apparence, qui ne menaçait les intérêts de la France.

Mme Magma était obèse, drôle et pleine d'esprit. Attentive à ses invités, aux petits soins pour son mari, elle se donnait en spectacle et assumait à merveille son rôle de « dame de France à Tokyo ». À un moment, Simmeo crut déceler une certaine exaspération chez Magma lorsque son épouse riait trop fort. Il se souvint combien Chloé aimait cela – rire à gorge déployée. Et combien, lui, aimait l'entendre et regarder son éclat de rire creuser une émouvante fossette.

En ce 15 mars, la France avait organisé une réception en mémoire des victimes du tsunami de 2011, lequel avait ravagé six cents kilomètres du littoral nippon et inondé les réacteurs de la centrale nucléaire de Fukushima. Simmeo avait suivi l'affaire de son bureau – plus exactement la pièce de douze mètres carrés qu'il partageait avec Calanques et PM –, branché sur les chaînes d'information continue, le son de leur écran coupé la majorité du temps. Ils étaient en plein dossier Wartez, du nom de la première victime d'un meurtrier particulièrement sordide qui sévissait dans le Paris interlope des SDF. L'enquête laborieuse, tant scientifique que psychologique, avait permis de coincer un ancien de la Légion étrangère de nationalité albanaise. Le type souffrait de choc posttraumatique. Cette pathologie avait permis à Simmeo de comprendre son illogisme et de permettre son arrestation.

Avec les élections présidentielles à venir, le prédécesseur de Bernard Magma, en poste lors du tsunami et aujourd'hui à la retraite, avait été convié. Il se tenait à la droite de Simmeo, portait un costume dépareillé mais de bon goût, un improbable nœud papillon bleu blanc rouge en papier crépon, des lunettes larges et en écaille. Immédiatement, Simmeo ressentit une sympathie pour l'ironie du bonhomme qui ne mâchait pas ses mots.

Autour de chaque table, dressée avec soin, une vingtaine de convives majoritairement masculins. Disséminés selon un plan parfaitement maîtrisé, six interprètes. *Parfait, ça me permettra de ne pas avoir à parler*. Simmeo adorait cette situation : pendant que les personnes présentes discutaient, lui observait. *Déformation professionnelle*.

En face de Simmeo, un des «cinquante» de Fukushima et à sa gauche un colonel de l'armée japonaise. L'homme, en charge des pompiers de la *team rescue* intervenus à Fukushima lors de l'opération du 18 mars 2011 baptisée *Fukushima Farenheit*, avait tenu la planète en haleine. Simmeo se souvint d'avoir vu son visage à la télé, les traits tirés par l'épuisement.

Une fois les deux cents convives installés, l'ambassadeur en profita pour lire un discours. Simmeo avait la sensation d'être au théâtre. Magma s'écoutait parler, dissertant pompeusement sur la grandeur de la France, les relations amicales tissées avec le Japon. Il y eut ensuite un long passage ronflant au sujet de Fukushima, le rappel de l'aide de la France et son soutien lors de la catastrophe de 2011, ce qui provoqua le ricanement du voisin de Simmeo, le prédécesseur de Magma.

Enfin, la femme de l'ambassadeur prit la parole afin de prononcer quelques mots sur la cuisine proposée par le célèbre chef Eliott Principal. L'homme était en cuisine mais viendrait saluer la salle à la fin du repas. *Avec plaisir*, songea Simmeo en se demandant si parmi les convives se trouvait la prochaine victime.

La lecture de la carte était, en soi, un événement poétique – *une poésie en action à la Heidsieck*, songea le commandant. *Le style, c'est le détournement.* Les intitulés des plats étaient chargés d'explosifs, de mystère, d'alliances impromptues et troublantes : cerné par un insolite semi-pris de coquillage, un pressé d'anguille fumée au foie gras.

Puis oursin et caviar dans leur chantilly de wasabi.

Risotto de soja et amadai (un poisson que Simmeo n'avait jamais mangé).

Suc de carotte à l'orange amère, quartier de betterave rouge, truffe noire piquée au vif donnaient du coffre à ce menu. Le sommelier proposait des grands crus en accord avec les mets pour sublimer les produits.

Sous les applaudissements de l'assemblée, un bataillon de serveurs s'ébroua et le policier fut bluffé par l'énergie de l'envoi. Tout le monde avait dégainé son smartphone et photographia l'assiette. Simmeo fit de même tant le résultat était une splendeur. Au goût, le pressé d'anguille fumée au foie gras déroutait un palais novice. Tel un opéra, les parfums montèrent en puissance, rejoignant les saveurs. *Ce repas est un tourbillon initiatique*, songea le policier en se régalant. Il devait bien admettre que chaque bouchée était un choc considérable, et lorsqu'il croqua la bille, le céleri explosa dans son palais. Exactement ce qu'avait prédit Marius. *La cuisine est une arme de destruction lascive.*

La conversation, qui tournait autour du 11 mars 2011, se déliait. Chacun y allait de son anecdote, et Simmeo prêta une oreille discrète aux témoignages : le combat acharné des Japonais, les erreurs et les improvisations qui aggravèrent la situation, l'aide de la France virant au fiasco...

— Avec une magnitude de 8,9 sur l'échelle de Richter, c'est sûr qu'on l'a sentie passer ! fanfaronna le voisin de l'ambassadeur en poste à l'époque.

Ce dernier confirma :

— Je me trouvais au premier étage, j'étais en train de préparer un discours pour le lundi. Le plus impressionnant, à Tokyo, ce sont les gratte-ciel.

Il n'eut pas le temps de terminer son explication.

— Oui !! Je m'en souviens ! s'emballa un homme austère.

Simmeo lut discrètement le nom et la fonction du monsieur indiqués sur son badge : L. Fainelon. Attaché de sécurité intérieure.

— Sous l'effet du séisme, ils se sont balancés de gauche à droite !

L'ambassadeur, content de lui, avala une nouvelle gorgée de son côte-de-nuits 1996. Après la première secousse, il s'était montré réactif, organisant la cellule de crise.

— Dans la plus grande salle de l'ambassade, précisa-t-il.

Simmeo voyait très bien de quelle salle parlait l'ambassadeur. Au rez-de-chaussée, plongeant sur la végétation en fleurs du parc mitoyen par des baies vitrées astiquées. En visitant les lieux, le gendarme lui servant de guide avait précisé que c'était la seule salle dans laquelle il n'y avait pas de caméra. Simmeo avait été subjugué par la gigantesque œuvre d'art qui ornait les panneaux coulissants le long d'un des murs. Il eut une pensée soudaine pour Drouot, pensée qui dévia immédiatement vers le souvenir du couple de Japonais pour lequel le flic parisien était ici.

— La terre n'en finissait pas de trembler, il y avait une réplique toutes les sept minutes.

Une voix que Simmeo reconnut prit alors la parole en japonais. Durant le cocktail, il avait entendu l'homme s'exprimer dans un français approximatif. Chief Executive Officer de l'entreprise privée en charge au moment des faits de la gestion de la centrale de Fukushima, il acquiesça :

— Mes employés travaillaient en hauteur sur des échafaudages. J'avais peur qu'ils ne soient tombés dans le réacteur, traduisit l'interprète.

Simmeo se souvenait parfaitement des images de panique et de désarroi de la population japonaise, les voitures fracassées par les flots, les gens emportés comme des quilles. Il frissonna.

Il n'avait en revanche aucun souvenir précis du déclenchement de l'accident nucléaire.

— Normal, plaida l'ambassadeur de l'époque. La France a préféré communiquer sur le tsunami...

Plusieurs convives piquèrent du nez dans leur assiette, mal à l'aise ; le diplomate aujourd'hui retraité se pencha sans aucune discrétion vers Simmeo et ajouta, à voix basse :

— Chacun de nous porte au plus profond de soi une part cachée, une petite pépite inavouable, une lâcheté misérable, une traîtrise qu'il dépense une énergie folle à étouffer...

Simmeo devait bien reconnaître que, parmi les nombreuses victimes et suspects croisés dans sa carrière, la plupart renfermaient un secret qu'ils s'échinaient à bien garder mais qui empoisonnait leur existence, risquant de ruiner leur carrière, leur honorabilité et leur position sociale durement acquises. Simmeo savait que les écrans de fumée pouvaient aussi se dissiper au premier coup de vent.

— Pas question de semer la panique en France, affirma l'ex-ambassadeur dans le creux de l'oreille de Simmeo.

Simmeo n'ignorait pas que la France restait *le* pays du nucléaire, EDF faisant la majorité de ses bénéfices à l'étranger. L'autre leader mondial s'appelant Areva... Pour la France, le marché du nucléaire était capital. Le policier se rappela que, immédiatement après l'annonce de la catastrophe de Fukushima, le cours des actions de la bourse d'EDF et d'Areva avait chuté, le prix de l'uranium baissé.

Tout accident dans une centrale était une catastrophe pour l'industrie du nucléaire.

— Trop d'enjeux financiers pour Paris, confirma l'ancien diplomate.

Le prix du départ, la perte de repères, la spontanéité de l'intuition, convint Simmeo en scrutant le fond de son assiette. Toute sa vie la mort l'avait suivi de près, cette fois les bulles de saveurs qui avaient explosé en polyphonie dans son palais semblaient l'avoir définitivement ramené du côté du plaisir. Avec l'impression retrouvée que chaque page tournée devenait un pourquoi, il nota de demander au chef la part de rêve dans son métier.

1971

CONCENTRATION, HUMILITÉ, MAÎTRISE DU GESTE, RÉPÉTITION ET PRÉCISION.

EN TOUT, HISHAKU SHOMON PROGRESSE.

AU MUSÉE DES BEAUX-ARTS DE LA VILLE, UN CHOC :

HOKUSAI.

DES VAGUES, LES SAISONS SUR LE MONT FUJI, LE PROFIL D'UNE JEUNE FEMME.

ELLE ÉCLIPSE LES ESTAMPES, ELLE EST VIVANTE, IL VEUT GOÛTER SON SOUFFLE.

AKIKO.

HISHAKU SHOMON RESTE ÉBAHI DEVANT LA BEAUTÉ QUI SE TOURNE ET LUI FAIT FACE.

DES CHEVEUX NOIRS, UN REGARD VOILÉ DE MÉLANCOLIE, DES YEUX EN FORME D'AMANDE DONT LA COULEUR DIFFÈRE.

HISHAKU SHOMON, QUI SAVOURAIT JUSQUE-LÀ LA VOLUPTÉ D'UNE EXISTENCE SANS REBONDISSEMENTS, A LA SENSATION DE PERCUTER L'HISTOIRE D'UNE VIE QU'IL DOIT CONNAÎTRE, À TOUT PRIX.

CONCENTRATION, HUMILITÉ, MAÎTRISE DU GESTE, RÉPÉTITION ET PRÉCISION.

UNE INVITATION À DÎNER.

TOKYO

AKIKO

RÉSONNENT EN BOUCLE DANS LA TÊTE D'HISHAKU.

UNE FILLE CALME DANS UNE VILLE BRUYANTE – LE BRUIT DES TAXIS, DES MÉTROS, LES SONNERIES DES FEUX AUX CROISEMENTS.

DANS LE RESTAURANT, HISHAKU N'EST PLUS À LA PLONGE.

PAS ENCORE AUX COMMANDES MAIS DÉJÀ EN CUISINE.

LE CHEF LE FORME AUX TECHNIQUES,

LE TEMPS, LA POSTURE, LE FEU.

CONCENTRATION, HUMILITÉ, MAÎTRISE DU GESTE, RÉPÉTITION ET PRÉCISION.

AVEC AKIKO ILS PARLENT NOURRITURE,

VONT AU MARCHÉ DEUX FOIS PAR SEMAINE.

ILS CUISINENT

DE PLUS EN PLUS.

DE MIEUX EN MIEUX.

LE JAPON EST UNE TERRE QU'IL APPREND À AIMER AVEC LE TEMPS. IL FAUT COMPRENDRE COMMENT FONCTIONNENT SES VENTS, SES ORAGES, SA GÉOGRAPHIE, SON HISTOIRE INSULAIRE.

IL FAUT COMPRENDRE AKIKO, MAIS LE TEMPS N'EST PAS NÉCESSAIRE POUR L'AIMER.

IL FAUT ALLER CHERCHER AUTRE CHOSE POUR S'EXPRIMER.

UN VOYAGE INITIATIQUE.

UN PEU DE VIOLENCE. DE FEU. DE VAPEUR.

IL COMMENCE À COMPRENDRE L'INTÉRÊT DES SOUPES. DES CHOSES SÉCHÉES.

AKIKO L'EMMÈNE DANS DE NOMBREUX RESTAURANTS.

IL ACCÈDE À LA CUISINE JAPONAISE

DES MILIEUX FERMÉS.

IL CREUSE DEDANS.

CETTE FOIS, C'EST LA RÉALITÉ.

LES FONDAMENTAUX COMME DES FONDATIONS.

HISHAKU EST AIGUISÉ.

TOKYO, AMBASSADE DE FRANCE

Carotte fane rouge de Kyoto, bulbe de fenouil, courgette verte, branches de céleri, gingembre, feuille de shiso vert, yuzu jaunes... Les derniers mets qu'Achille avait dégustés conjuguaient au plus-que-parfait et au passé décomposé des recettes de grand-mère, dynamitant tradition et modernité. Simmeo, bluffé par les saveurs des légumes servis audacieusement, en solitaire, après les plats de poisson, écoutait d'une oreille distraite la suite de la conversation. Il se rappela confusément qu'une partie des plats du menu était conçue par la propre fille du chef, Suzanne Principal. Tandis que le chef transfigurait miraculeusement viande et poisson, sa progéniture s'était prise de passion pour les légumes et les herbes.

Fukushima continuait d'enflammer les convives.

— Le séisme et le tsunami sont des accidents que nous connaissons au Japon. Nous savons les gérer. En revanche, l'accident nucléaire, c'était du jamais vu.

Huit heures après la vague, à l'intérieur du réacteur numéro 1, le cœur en uranium continuait de fondre, libérant des gaz radioactifs. La pression augmenta, comme dans une cocotte-minute. Pour éviter une explosion, il fallut évacuer les gaz de toute urgence en ouvrant les vannes.

En temps normal, cette opération se pilotait à distance depuis la salle des commandes. Sans électricité, il fallait les ouvrir manuellement. Or les techniciens ne savaient même pas où se trouvaient les vannes. Dans le bâtiment antisismique, une équipe fut envoyée à la recherche des plans de la centrale. Au milieu du désordre provoqué par le tremblement de terre, ils mirent plus de deux heures à dénicher les documents pour finalement localiser les vannes. Le débat tournait autour du nombre d'heures que les opérateurs avaient mis – une douzaine, si Simmeo avait tout compris – pour libérer les gaz accumulés dans le réacteur. Une certitude : aussitôt, un nuage radioactif se répandit dans l'atmosphère.

— Les premiers rejets de la centrale de Fukushima...

Le combustible en fusion ayant percé la cuve du réacteur, il se dégagea aussi dans les sous-sols du bâtiment.

Le césium 137 qui s'immisce... transposa Simmeo en songeant à son enquête. *Le pire n'est pas certain mais tout devient possible...*

— Concrètement, c'est ce qu'on appelle le corium : le magma en fusion atteint près de trois mille degrés à ce moment-là. Il transperce la cuve, transperce l'enceinte de confinement et enfin pénètre dans la dalle de béton qui fait huit mètres et est située en dessous du réacteur. C'est ce qui était redouté.

— Est ce qu'on peut essayer de le récupérer ? interrogea Simmeo.

— On ne sait pas aujourd'hui où il se trouve précisément. Il est hautement radioactif. On a envoyé des robots dans les entrailles du réacteur et les images sont époustouflantes : le taux de césium 137 est tel qu'en quelques heures les robots ont été détruits !

Exactement comme pour Yuki Takanaro, songea Simmeo.

— Une matière aussi dangereuse, on ne l'a jamais approchée, expliqua un scientifique. Il faudra trente à quarante ans pour mettre au point les technologies qui permettront de l'extraire et le confiner.

L'apparition magique de gros cailloux devant les convives fit retomber le silence sur l'assemblée. L'armée de serveurs s'était placée dans la plus grande discrétion à chaque table et entreprit, une fois le recueillement total obtenu, d'ouvrir en deux les pierres sous les regards médusés de l'assistance. Des nuages de vapeur s'échappèrent des rocs brisés et le parfum troublant de légumes fumés tourbillonna. Si la surprise s'afficha sur la plupart des visages et que les murmures enchantés s'élevèrent sans tarder, Achille de son côté dut clore ses paupières pour pouvoir cacher son trouble. Le fumet l'avait presque choqué : il s'était senti transporté en une microseconde dans son passé, devant la cheminée de cette maison corse qu'il n'avait jamais aimée, avec son conduit qui leur crachait régulièrement des bouffées de suie à la gueule, comme par provocation. Il se força, par respect mais surtout guidé par une curiosité irrépressible, à goûter les étranges racines noires que les serveurs avaient placées avec délicatesse dans son assiette immaculée. Il était résigné, prêt à devoir mâchonner du charbon tout en simulant le ravissement devant ses hôtes.

Dès la première bouchée, la vision de la cheminée disparut, remplacée par une émotion sans visage. Ce n'était pas un plat joyeux, mais il était aussi puissamment savoureux qu'il était nostalgique. Les légumes fumés de Suzanne Principal (Achille aurait bien été incapable de dire de quoi il s'agissait, tant l'énoncé du menu – « Kaiseki, le cœur de la pierre chaude » – était sibyllin) lui firent monter les larmes aux yeux. Il ressentait l'impalpable nostalgie que la cuisinière avait dû revivre en enfermant ses ingrédients dans ces caveaux miniatures.

Les états d'âme de Simmeo furent soudain interrompus par son voisin, qui se crut obligé de lui expliquer l'origine de l'intitulé du plat.

— *Kaiseki* peut faire référence aux repas traditionnels nippons, mais il vient aussi de l'habitude des moines zen qui plaçaient des pierres chaudes contre leurs ventres pour couper la faim. Littéralement, on pouvait parler de « repas austère »...

Simmeo s'apprêtait à le remercier quand il fut interrompu par un roulement de batterie de cuisine, un remue-ménage cuivré. L'ambassadeur et son épouse se levèrent, annonçant l'arrivée du chef étoilé Eliott Principal. Les lumières s'éteignirent, un projecteur braqua le centre de la salle de réception. Finalement, un écran sur lequel apparut une reproduction de *La Vague* d'Hokusai déchira le plafond. Jolie métaphore du tsunami de Fukushima... Une salve d'applaudissements accueillit le chef.

Front haut, bouche charnue, visage rond, taille moyenne, corpulence musclée, cheveux ras : l'homme approchait des soixante-dix ans, en faisait quinze de moins avec ses yeux clairs et un sens de l'accueil bien à lui.

Devant l'assemblée de convives, Eliott Principal présenta sa fille Suzanne. Simmeo eut besoin d'un peu de temps, encore plus d'imagination, pour reconnaître la femme rencontrée dans L'échoppe qui danse toute seule. Elle était méconnaissable, aux antipodes de son allure parisienne sportive et nature : son visage était peint en bleu; elle portait des faux cils démesurés qui agrandissaient ses yeux de chat vairons. Une crinière indigo tombait en cascade sur son kimono.

Grande, élancée, on remarquait immédiatement sa poitrine haute et la pulpe de ses lèvres soulignée au pinceau. Une étrange lumière animait son visage. Il y avait parfois une telle sensualité dans l'intelligence et la maturité.

Nouveaux applaudissements. Achille eut le sentiment d'assister à un opéra rock. Une estrade roulante sur laquelle trônait un laboratoire ambulant protégé par une paroi en verre glissa alors jusqu'au centre de la salle : le chef allait procéder à l'une des performances culinaires qui avaient fait sa réputation. Simmeo avait regardé plusieurs reportages, Eliott Principal avait lui-même conçu ce prototype permettant d'expérimenter en public ses recettes. Un laboratoire mobile, un outil d'analyses fonctionnant en totale autonomie énergétique, modulable et polyvalent. Équipé de matériels analytiques, il se composait d'un poste de cuisine – un tiers de l'espace – et d'un laboratoire – deux tiers.

Simmeo sentit la nervosité le gagner et porta machinalement la main à son paquet de cigarettes, dans la poche de sa veste. Voyant que l'assemblée se rasseyait, il fit de même.

— Opposition et contraste sont les bases de mon caractère et de ma cuisine. L'Asie est mon identité. J'applique à la cuisine française la technique du Japon.

Les recettes, le travail, les recherches culinaires du chef s'étaient forgés à partir de sa passion pour l'architecture, son intérêt pour la matière, les formes, les émotions ou les idées qu'elles véhiculaient.

— Pensez-vous que la cuisine est un acte aussi politique que la littérature ? questionna Suzanne.

— Oui. Il faut donner vie à des songes, des plats-mirages qu'on a rêvés. Il faut les goûter comme on les entrevoit, dans un espace sans repères. Je propose un monde qui a la fraîcheur et l'intuition de sa spontanéité, mais une intuition mûrie par des années d'intimité avec les produits et leurs transformations. Certains me reprochent mes fausses notes et je leur en sais gré. Qu'ils me pardonnent mon excès de vitalité.

Même les bannis étaient conviés à ce moment de plaisir ultime.

— Sans émotion, cuisine ou littérature ne comptent pas.

Mélanger le garde-manger, brouiller les œufs avec les cartes de la nature. Coulis de fruits rouges astringents... Tel un poisson, il nageait à contre-courant.

— La cuisine japonaise est extrêmement variée. Dans la capitale on privilégie la sauce. À Kyoto, on aime le bœuf et les épices. En bord de mer, on privilégie les légumes et le poisson.

Il aime les disjonctions, les ruptures insolites, la folie des collisions, admit Simmeo. Eliott Principal ne flattait pas la dispersion, simplement il ouvrait des pistes.

— J'ai pris toutes les techniques de la cuisine japonaise et je les ai appliquées aux magnifiques produits français. Poisson, fromage, poulet, foie gras, cita le chef en chaussant d'impressionnantes lunettes transparentes.

Des lunettes de chimiste.

Suzanne enchaîna :

— Et cela donne une nouvelle perception du produit, une nouvelle texture, une nouvelle saveur.

Souvent, dans les cuisines un peu moustachues, le chef marquait votre estomac de ses initiales. Suzanne Principal possédait beaucoup plus de dons que celui de vouloir dominer ou impressionner. Ni fade ni timide, sa cuisine était très *réelle*. En cela, pour Simmeo elle s'opposait à son père, mais lui laissait le premier rôle et la lumière des projecteurs avec élégance.

Le voisin de Simmeo ne s'y était pas trompé et ne cessait de photographier la belle créature.

— C'est une prise de risque de faire ça parce que ça peut rater, dit-il, admiratif.

Simmeo acquiesça.

Suzanne Principal appela soudain un ou une volontaire pour les assister. Achille Simmeo fut le premier à lever le bras. Invité à monter sur l'estrade, il croisa le regard de Suzanne dont l'œil rouge brilla soudain, trahissant sa stupeur amusée. Ses paupières se soulevèrent et la pénétration de ses pupilles le foudroya.

— Monsieur Simmeo ! s'exclama-t-elle en lui tendant une paire de lunettes scientifiques.

Elle se souvient de moi, se dit-il, un brin flatté.

Le chef tendit une main chaleureuse à Simmeo puis, désignant les petites verrines de marmelade qu'il venait de concocter en n'utilisant que des fruits, parla dans son micro :

— A-t-on vraiment besoin aujourd'hui de mettre 50 % de sucre dans les confitures ?

Dans une chorégraphie parfaitement réglée, Suzanne poursuivit :

— Pour inventer la cuisine de demain, il faut bien connaître celle d'aujourd'hui.

Un véritable show... Simmeo en profita pour admirer le laboratoire : éprouvettes se mêlaient aux casseroles, formules mathématiques inscrites sur un tableau côtoyaient des recettes de gâteaux. La cuisine-bar était dotée d'un prototype de plaques à induction avec thermostat intégré, un four, des robots, des casseroles et des pipettes, des caisses de framboises et d'oranges.

— La science nous aide à mieux comprendre les produits et à épurer la cuisine de certains oripeaux comme ces gélatines en poudre qui contiennent des sulfites et n'ont plus rien à faire dans la cuisine du XXIe siècle.

Simmeo remarqua une bombonne d'azote, comme celle que Javier Bardem utilisait dans le film *No Country for Old Men*. Il se rappela s'être fait la réflexion que cette arme du crime, impossible à tracer, était machiavélique.

— Les progrès technologiques nous fournissent aussi de nouveaux outils qui permettent d'avancer vers un meilleur respect du produit.

Eliott Principal et Suzanne relatèrent dans un discours parfaitement rodé la genèse du semi-pris de coquillages à la fine gelée tremblotante que l'assemblée venait de déguster. Simmeo avait encore en bouche la mémoire de cette synthèse artistique et écouta le chef : cet envoûtant semi-pris était issu d'une réaction naturelle entre le jus iodé des coquillages et une eau très minérale qui en exaltait toutes les saveurs. Suzanne tendit à Simmeo un fouet, lui indiquant un saladier. Le maître des lieux versa le jus iodé, ajouta une once d'eau pure et ordonna à Simmeo de mélanger.

— Si vous n'avez pas la posture, vous n'y arriverez pas, lui conseilla le chef, lui indiquant de se tenir droit et de fouetter les deux liquides avec fermeté.

Simmeo s'exécuta et le mélange s'épaissit tel un mystère jusqu'à devenir gélatine. *Bluffant.*

— Explorer les phénomènes physico-chimiques qui se déroulent à notre insu quand on cuit, broie ou pétrit; comprendre comment un œuf coagule quand on le chauffe ou une confiture prend quand on la refroidit : tous ces phénomènes ont une explication scientifique.

Il les rationalisait afin de mieux les maîtriser.

— Cette nouvelle façon de cuisiner suppose aussi de nouveaux outils, continua Suzanne en avisant une centrifugeuse. Le congélateur ou le micro-ondes furent utilisés au départ dans les laboratoires puis exclusivement par les grands chefs avant d'être commercialisés. La centrifugeuse qui décante ou le lyophilisateur qui distille par le froid et concentre les saveurs par cryo-concentration pourraient bien atterrir dans quelques années sur vos plans de travail.

— Ou les fours qui cuisent sous vide et donnent aux gâteaux une texture plus aérée, plus légère.

Simmeo avait lu que le plus urgent était d'équiper les plaques à induction de thermomètres : afin de préserver au maximum saveur et qualités nutritives des aliments, la cuisson à bonne température permettait de ne pas dénaturer le produit – *82 °C pour les légumes et 56 °C pour la viande,* se souvint le policier.

Comme s'il avait lu dans ses pensées, le chef précisa :

— Il vaut mieux cuire les légumes moins longtemps dans une petite quantité d'eau gazeuse minéralisée qui contient naturellement des agents pour les attendrir tout en préservant leur couleur et leurs vitamines.

Simmeo revit nettement sa mère utiliser cette technique lorsqu'elle préparait ses fameuses carottes Vichy.

Suzanne présenta alors une de ses dernières inventions : un couvercle spécial qui permettait de récupérer les arômes de tête, bien connus des parfumeurs : pour préserver le goût des produits, il valait mieux éviter de laisser s'évaporer ces arômes. En fait, quand une odeur délicieuse s'échappait de la cuisine, c'était plutôt mauvais signe !

— On essaie de proposer une cuisine qui colle au plus près du produit, en préserve les saveurs et les qualités gustatives, mais permet aussi d'en utiliser toutes les parties qui atterrissent aujourd'hui à la poubelle.

— On ne peut plus consentir dans l'alimentation de demain de jeter 30 % d'un légume ou d'un fruit et 70 % d'un turbot.

Il plaçait la chimie et la physique au service de la cuisine pour préserver les saveurs et les qualités des produits, éviter le gaspillage.

— À partir d'un bon produit, on peut tout exploiter, dit-il en mettant des morceaux d'orange dans un *chauffe-ballon*.

Cet autre prototype permettait de récupérer les arômes pendant la cuisson et de libérer la pectine.

— Il suffit d'y ajouter une cuillère d'eau riche en calcium et on obtient une marmelade instantanée sans sucre ajouté.

Le chef descendit de son estrade et s'avança vers l'ambassadeur, tendant la verrine et une cuillère à madame. Gourmande, cette dernière ne se fit pas prier et goûta la texture dans un soupir d'extase et de plaisir avant d'applaudir à tout rompre, entraînant avec elle les convives ravis.

— Rationaliser la cuisine ne bride pas la créativité, au contraire. Elle permet de créer de nouvelles textures, de nouvelles émotions culinaires.

En guise de conclusion, le chef relata qu'il étudiait actuellement les algues, imaginant un remplaçant au film étirable utilisé pour couvrir les aliments.

— Je m'inspire des fameuses billes d'alginates fabriquées à partir d'algues brunes et utilisées en pharmacie dès les années 70 puis dans la cuisine pour concentrer les saveurs qui éclatent en bouche. En transférant ce principe pour créer de nouveaux emballages 100 % végétaux, comestibles et biodégradables.

L'encapsulation dont lui avait parlé Marius... Simmeo tendit l'oreille.

— Nous sommes en train d'inventer la canette de demain, sans plastique ni aluminium...

Et surtout l'arme du crime du futur, sans douille ni trace, songea Simmeo en se souvenant des explications de son ami chimiste : une boule de pétanque transparente, légère comme le grain d'une grappe de raisin, conçue à partir d'algues.

1972

CONCENTRATION, HUMILITÉ, MAÎTRISE DU GESTE, RÉPÉTITION ET PRÉCISION.

ET PUIS UN JOUR VIENT L'HEURE DE L'AUDACE.
LE CHEF DU RESTAURANT DOIT S'ABSENTER.
HISHAKU LE REMPLACE.

IL NE SAIT PAS CE QU'IL VA CUISINER.
AKIKO LUI OUVRE LES YEUX.
SON PREMIER REPAS EST AVANT TOUT UNE EXPÉRIENCE VISUELLE.

ET PUIS LES SAVEURS
QUI FONT LEUR ENTRÉE AVEC UNE PUISSANCE INOUÏE.
CONCENTRATION, HUMILITÉ, MAÎTRISE DU GESTE, RÉPÉTITION ET PRÉCISION.

HISHAKU, AKIKO,
MÊME DOUCEUR D'ÂME DANS LEUR CUISINE.
ILS SE NOURRISSENT DE LEURS PASSÉS.

ELLE : *J'AVAIS 9 ANS, JE FAISAIS DU STOP POUR ALLER À L'ÉCOLE. IL Y AVAIT TOUJOURS LA MÊME VOITURE QUI PASSAIT, CONDUITE PAR UN MONSIEUR QUI ME PARAISSAIT TRÈS DISTINGUÉ. ALORS JE L'ATTENDAIS. CHAQUE JOUR, IL Y AVAIT UNE FEMME DIFFÉRENTE ASSISE À CÔTÉ DE LUI. TOUJOURS TRÈS BELLE.*

JE M'ASSEYAIS À L'ARRIÈRE, C'ÉTAIT GRISANT CETTE SENSATION DE VITESSE.

ET PUIS UN JOUR L'UNE DES DAMES M'A INVITÉE À VENIR BOIRE UN THÉ.

IL Y AVAIT DEUX JEUNES FILLES ALANGUIES SUR LE PERRON, AU SOLEIL, NUES.

ELLES SE SONT LEVÉES ET M'ONT CHALEUREUSEMENT ACCUEILLIE, SANS TOUTEFOIS SE VÊTIR.

JE ME SUIS DIT : C'EST FORMIDABLE CETTE LIBERTÉ. MOI AUSSI, JE SERAI LIBRE. LIBRE DE CROIRE EN MOI, DE NE PAS ME LAISSER DIRIGER PAR QUI QUE CE SOIT.

LUI : *JE N'ÉTAIS PAS MODESTE. MÊME PLUTÔT SÛR DE MOI. JE RÊVAIS TOUT HAUT, MES AMBITIONS ÉTAIENT DÉMESURÉES, MES RÊVES DE CONSTRUCTION MASSIFS. UN JOUR, DEUX SŒURS JAPONAISES SONT ARRIVÉES DANS NOTRE COLLÈGE. ELLES ONT PASSÉ UN DISQUE DES STOOGES ET SE SONT MISES À DANSER SUR UNE TABLE. JE N'AVAIS JAMAIS VU CELA NI ENTENDU UNE TELLE MUSIQUE. CE FUT UNE RÉVÉLATION ET ÇA A CHANGÉ MA VIE.*

POUR LA TOUTE PREMIÈRE FOIS J'AI RESSENTI DANS MON CORPS, DANS MON ÂME, CE QUI SE PASSAIT DANS LE RESTE DU MONDE. J'AI ÉTÉ REMUÉ PAR CES NOTES, CE MOUVEMENT, PLUS RIEN D'AUTRE NE M'A INTÉRESSÉ. JE VOULAIS PRENDRE MA VIE EN MAIN.

TOKYO

Simmeo avait réservé l'une des chambres standard – laquelle mesurait déjà cinquante mètres carrés – du somptueux hôtel Andaz Toranomon Hills, situé dans le deuxième plus haut gratte-ciel de Tokyo et en son cœur. Il avait choisi ce palace pour sa situation centrale, son panorama unique et le perrier-jouët-belle-époque qui y était servi à toute heure du jour ou de la nuit. Installé dans une banquette du bar perché au cinquante-deuxième étage, il en sirota une coupe en admirant la vue époustouflante sur le Rainbow Bridge et les lumières de la ville. Il n'avait pas fermé l'œil depuis près de quarante-huit heures mais, surplombant les énergiques enseignes lumineuses de la capitale, il ne ressentait plus aucune fatigue. Il fallait qu'il dorme quelques heures, c'est pourquoi il s'interdit une dernière coupe et s'obligea à rejoindre sa chambre. Allongé sur le lit king size, il eut à peine le temps d'apprécier la pureté des abat-jour en papier washi ainsi que la sensualité des œuvres exposées que le sommeil s'abattit sur lui.

Quatre heures plus tard, son téléphone le tira de sa torpeur : Wiki.

Afin de remercier Simmeo de lui avoir dégoté une interview exclusive avec le chef Eliott Principal, Wiki lui avait arrangé un rendez-vous avec un flic de la ville. Exactement ce que Simmeo avait espéré en choisissant ce débrouillard journaliste comme guide interprète.

— Parfait ! s'exclama le commandant français bien qu'encore dans le coaltar. À quelle heure ?

— Maintenant, répondit Wiki. Je vous attends en bas.

CONSTRUIRE LE FUTUR IMPLIQUE DE FAIRE DES CHOIX.

HISHAKU EST LE PLUS JEUNE ASSOCIÉ DE L'ARCHITECTE MAÎTRE KUROKAWA.

SA CAPSULE TOWER EST LEUR ALLER-RETOUR.

HISHAKU N'A PLUS BESOIN DE TRAVAILLER DANS LE RESTAURANT

ET POURTANT IL S'ÉCHINE.

POUR LE PLAISIR DE FAIRE PLAISIR À SES CLIENTS

DE PLUS EN PLUS NOMBREUX

DE MOINS EN MOINS PEUREUX.

IMMENSÉMENT RICHE, LE PÈRE D'AKIKO EST UN HOMME AUSTÈRE ET AUTORITAIRE,

L'OYABUN NAOKO SANTOKA.

IL VEUT LE MEILLEUR POUR SA FILLE AÎNÉE ET

CET HISHAKU SHOMON DÉPRAVE SON EMPIRE,

DÉBRAILLE SON EMPRISE.

IL S'OPPOSE À CETTE LIAISON.

LES AMANTS N'EN FONT QU'À LEUR TÊTE
S'INSTALLENT SUR L'ÎLE D'HIBIKI, DANS LA MER DE SETO.
ENSEMBLE OUVRENT UNE ÉCHOPPE
UNE GARGOTE.
LA CHIMISTE GASTRONOME
L'ARCHITECTE GOURMET.

AKIKO MET AU MONDE UNE PETITE FILLE.
ILS LA PRÉNOMMENT HIBIKI.
C'EST UN PRÉNOM MASCULIN QUI SIGNIFIE *L'ÉCHO*
PARFAIT POUR INCARNER LEUR AMOUR
LEUR PREMIER BÉBÉ

C'EST SÛR, ILS EN AURONT D'AUTRES
ILS RÊVENT D'UNE GRANDE FAMILLE.

À TOKYO LA JALOUSIE DES CLANS MENACE LE SANTOKA GUMI, QUI RAFLE TOUS LES MARCHÉS.

PAR TROIS FOIS, L'OYABUN NAOKO ÉCHAPPE À LA MALVEILLANCE DE SES ENNEMIS.

SON ÉPOUSE MEURT À SA PLACE.

AKIKO PLEURE SA MÈRE
SUPPLIE HISHAKU DE RENTRER.
ILS PASSENT D'UNE ÎLE À L'AUTRE.

Ce n'était pas forcément nécessaire d'être noctambule pour vivre en Tokyoïte, c'était un avantage. La lune dans une goutte d'eau, tout le monde cherchait un bon destin.

No music no life clignotait sur l'immeuble du label du Santoka Gumi. Sanzo avait naturellement le sommeil agité, depuis quelques jours ses nuits ressemblaient carrément à une impétueuse tempête de sables mouvants. Ce matin, il s'était réveillé avec un infernal goût de fer dans la bouche, la découverte sur son drap d'une tache vermillon. Il avait vomi du sang durant son sommeil.

Ce n'était pas tout.

Ses mains, en quelques heures nocturnes, s'étaient transformées en crochets. Il toucha son visage comme il put – ses doigts semblaient des moignons –, sentit que le volume de ses boursouflures avait doublé.

Il n'attendrait pas le mois de juillet pour revoir le toubib, se dit-il en se levant. Il était en nage. Au pied du lit, ses porcs n'étaient pas en reste.

— On vous empoisonne, monsieur Sanzo.

Le médecin prenait sur lui pour rester calme, ne pas affoler le malade.

— Et vu les résidus, ça fait plusieurs mois. Vous, c'est avec le bacille de la lèpre. Elle se développe à la vitesse de l'éclair.

Il avisa les mains déformées du yakuza. Ce que l'homme lui avait raconté – le développement subi de la lèpre, malgré les antibiotiques – ébahissait le médecin.

— Je n'ai jamais vu une chose pareille... Vos analyses montrent qu'on vous empoisonne avec un mélange naturel dont la réaction chimique accélère votre lèpre.

Sanzo s'enfonça dans le fauteuil.

— On vous a empoisonné deux fois, ajouta le médecin en s'épongeant le front.

Devant ce cas totalement hors normes, il décrocha son téléphone. Il s'entretint avec le directeur de la léproserie d'Oshima – à ce stade de la maladie, Sanzo souhaitait s'exiler.

Deux fois. Quelqu'un lui en voulait vraiment. Le problème était qu'ils étaient un sacré nombre à avoir de bonnes raisons de lui chercher des noises. Si Sanzo avait compris toutes les explications du docteur, les deux empoisonnements étaient liés, deux maillons d'une même chaîne. Machiavélique. Il avait ingurgité lors d'un repas il y a une quinzaine de mois le bacille de la lèpre. Quinze mois durant lesquels il n'avait ressenti aucun symptôme. Le temps d'incubation. Il y a quelques semaines, voire quelques jours, il avait ingurgité une autre molécule, un accélérateur.

Le médecin raccrocha : tout était arrangé, une place attendait Sanzo Okanabe sur l'île des lépreux.

Il se garda de préciser au yakuza que la personne qui avait fomenté le coup semblait un ténor de la chimie : les analyses révélaient que la double dose d'antibiotique avait été fatale. Comme si l'empoisonneur avait décidément prévu la moindre prévention du traitement tout autant que la réactivité moléculaire.

— Vous devriez aussi aller voir la police, lui conseilla le médecin.

Contre toute attente, le yakuza Sanzo Okanabe sourit. Avec sa gueule de travers, c'était presque comique.

— Vous ne comprenez pas que vous êtes en train de mourir ?

Sanzo avait parfaitement compris. Simplement, la valeur de la vie – la sienne y compris – était pour lui toute relative.

1972

NAOKO SANTOKA A UNE OBSESSION : VENGER LE MEURTRE DE SA BIEN-AIMÉE.

IL INVITE LES CHEFS DES TROIS CLANS ADVERSES AUTOUR D'UN REPAS PRÉPARÉ PAR SON GENDRE, HISHAKU SHOMON.

HISHAKU REÇOIT L'ORDRE DE CUISINER UN FUGU,
ORGANES ET PEAU DE MORT.

HISHAKU L'ARHITECTE A APPRIS LES RÉACTIONS CHIMIQUES : IL UTILISE LA RACINE DE WASABI, RICHE EN ISOTHIOCYANATES ET SINIGRINE, DONT LE BROYAGE LIBÈRE UNE RÉACTION ENZYMATIQUE IDÉALE POUR ACCÉLÉRER LA TÉTRODOTOXINE,
POISON NATURELLEMENT CONTENU DANS LE FUGU.

CONCENTRATION, HUMILITÉ, MAÎTRISE DU GESTE, RÉPÉTITION ET PRÉCISION.

J'AI UNE RÉELLE TENDRESSE POUR TES PLATS AU BORD DE L'IRRÉEL,

LE FÉLICITE L'UN DES CONVIVES.
IL CRÈVE EN PREMIER, SUIVI PEU APRÈS DES DEUX AUTRES,
LES POUMONS PARALYSÉS.

L'OYABUN A MONTRÉ SA SUPRÉMATIE.

LE CONTRAT EXÉCUTÉ,
CETTE FOIS HISHAKU EST UN VRAI SANTOKA.

IL N'A PAS COUPÉ SON DOIGT,
IL A COUPÉ SON CŒUR POUR CONSERVER CELUI D'AKIKO.

Le grade, en judo, représente une triple valeur SHIN
(valeur morale, esprit, caractère),
GHI (valeur technique), TAI (valeur corporelle).
La valeur SHIN domine et commande les autres.
Un pratiquant sans valeur SHIN, et qui posséderait
seulement les deux autres, serait un être dangereux
et nuisible pour tous, et finalement pour lui-même.
GHI gouverne TAI et oriente ou compense
la valeur physique.

Bushido

La ceinture noire suppose un développement
suffisant de : SHIN – GHI – TAI et une connaissance
satisfaisante des deux principes de base du judo :
SEIRYOKU ZEN YO (utilisation efficace de l'énergie),
JITA KYOEI (entraide et prospérité mutuelle).

Au Japon, les yakuzas n'étaient pas les seuls à posséder le sens hiérarchique. Il y en avait un puissant au sein de l'équipe de journalistes couvrant les activités de la police.

Celle-ci faisait régulièrement des annonces dans lesquelles elle exposait les différentes affaires. Elle rédigeait de courts communiqués, les distribuant comme des bons de rationnement aux journalistes qui pouvaient ensuite développer, poser leurs questions lors des conférences de presse, se rendre sur les scènes de crime.

Comme dans toute hiérarchie, le système ne demandait qu'à être biaisé.

À Tokyo, le TMPD Press Club se chargeait des postes de police centraux et des annonces publiques. Les journalistes de quartier étaient attachés à un arrondissement.

Wiki était dévolu au poste de Shinjuku.

Ils s'installèrent au sixième étage dans la salle fermée réservée aux spécialistes médias. Ils avaient rendez-vous avec un inspecteur.

Wiki souhaitait réaliser une enquête sur les nouvelles technologies du TMPD. Notamment la caméra 3D et le filet chasseur de drones. Or, la hiérarchie policière rechignait à divulguer trop d'informations au motif de ne pas révéler au grand public – donc aux potentiels criminels – les outils utilisés pour les traquer.

Simmeo avait entendu parler par PM, passionnée de technologies, de cette fameuse caméra qui permettait de réaliser des photos anthropométriques en 3D. La police de Tokyo était la première au monde à utiliser cette merveille de technologie japonaise. Orientés vers le bas ou pris de côté, les visages capturés par les caméras de surveillance donnaient souvent du fil à retordre aux enquêteurs. Quant aux photos anthropométriques classiques, elles n'étaient qu'en deux dimensions – de face et de côté. Grâce à cette caméra, il était désormais possible de réaliser des clichés pris sous trois angles différents, dont on pouvait faire varier l'éclairage et, ainsi, déterminer la forme et le volume exacts d'un visage humain. *Ils sont forts, ces Japonais*, reconnut Simmeo.

— En tant que journaliste d'un Press Club, mon boulot est de faire ami-ami avec les flics de bas étage pour dégoter une affaire intéressante avant que les gros postes de police ne fassent main basse dessus...

Ici ou ailleurs, la chasse aux scoops sévissait.

En revanche, Simmeo était ébahi de constater la proximité police/presse. Il imagina la tête de son taulier si, en France, les journalistes étaient autorisés à avoir leur propre salle de travail au 36 !

— Désolé que ça choque ton sens moral, s'amusa Wiki.

L'interprète savait qu'en France les distances de sécurité différaient mais que, au fond, les méthodes équivalaient.

Pour Wiki, l'inspecteur qu'ils allaient rencontrer faisait bien ce qu'il savait faire, retroussait ses manches, ne déléguait rien, prenait tout à cœur.

— C'est un bon flic. Un très bon flic même. Et comme tout bon flic, il est toujours à la limite de la loi.

Simmeo, habitué à ce genre de remarques, ne releva pas.

Un homme entra. Okimura Donan. Simmeo le reconnut grâce à la description que lui avait faite Wiki : front dégarni, mèches de ses cheveux gras plaquées sur son crâne, moustache parfaitement taillée. Simmeo observa que l'inspecteur japonais avait un regard fixe porté au loin, ce regard que l'on retrouve chez certains vétérans des forces spéciales. Immédiatement, Simmeo fut séduit par l'allure trompeuse du bonhomme qui s'inclina face à lui en joignant les deux mains.

Le commandant français avait préparé le coup. Sachant que Donan fumait beaucoup et qu'il aimait les Lucky Strike Light Original, Simmeo en avait apporté un stock.

L'étroit bureau de l'inspecteur Okimura Donan se situait au seizième étage et rappela le sien à Simmeo : au mur, le code d'honneur et de morale traditionnelle du Bushido (*noblesse d'âme*) s'affichait. Le judo, comme tous les arts martiaux d'origine japonaise, était imprégné de la sagesse du Bushido et inconcevable sans lui. Simmeo resta un moment scotché par la vue sur le mont Fuji, songeant à celle sur la place Dauphine qu'il se coltinait quotidiennement depuis trente-six ans. Il pensa au futur déménagement de ses bureaux et c'est à ce moment précis, alors qu'il flottait au-dessus de Tokyo, qu'il eut la confirmation qu'il ne mettrait pas les pieds rue du Bastion.

Depuis le temps que l'inspecteur Donan harcelait leurs trafics, tentait de coincer le moindre de ses membres, il avait accumulé une masse de renseignements sur le Santoka Gumi.

Un *gaijin*, français de surcroît, qui s'intéressait à la pègre nipponne était rare. Entre mythe et tabou, les yakuzas faisaient en fin de compte couler assez peu d'encre ailleurs qu'au Japon.

Donan n'ignorait pas la raison de la présence à Tokyo du commandant du 36, quai des Orfèvres – il se trouvait que Donan, en fervent cinéphile, avait visionné tous les *Maigret*. L'inspecteur avait même tenté de réaliser une adaptation japonaise, hélas faute de financements, le projet avorta dans l'œuf.

Il était au courant de la mort naturelle du couple Takanori (membres du Santoka Gumi) à Paris tout en ignorant les détails.

Il savait aussi par Wiki que le flic français suspectait un crime – Simmeo, en flic averti, savait lâcher les infos qu'il fallait le moment venu.

Donan soupçonnait, malgré l'avis de sa hiérarchie, que le yakuza du Santoka Gumi trouvé dans l'un des bureaux de l'ambassade de France n'était pas mort si *naturellement* que cela. Il était impatient d'échanger avec le fin limier français. Lui qui n'avait pas vraiment fait attention au jeune reporter free lance détenteur depuis peu de la carte de presse avait évidemment été tout de suite séduit par la proposition de *ce* Wiki : « Donan-san, croyez-moi, ce Français ne vous laissera pas indifférent... C'est un grand flic comme vous... » Ce Wiki manipulait les sentiments, c'était le jeu, Donan accepta la partie.

En Japonais pur jus, il ne comptait pas abattre d'emblée ses cartes ni dévoiler les enquêtes en cours. En revanche, un peu de généalogie serait éclairante pour ce *gaijin*.

Donan fit défiler sur l'écran gigantesque plusieurs photos. Wiki, aguerri à la traduction, interpréta en simultané :

— Naoko est l'arrière-petit-fils, petit-fils et fils de la dynastie Santoka. Il a quatre-vingt-neuf ans.

Afin de ne pas contrarier son interlocuteur, Simmeo opina du chef sans préciser que, cela, il le savait déjà.

— Femme ? Enfants ?

— Son épouse a été assassinée au début des années 70 par les clans adverses. Déjà à l'époque, les familles se disputaient le partage des quartiers de Tokyo, et elle a été prise pour cible. Les Santoka ont eu deux filles, Akiko et Yuki.

Simmeo nota. Yuki avait donc une sœur. Où était-elle ?

Comme si Donan avait lu dans les pensées du commandant français, il précisa :

— Akiko est morte peu après sa mère. Elle a été enlevée, apparemment encore un règlement de comptes. Son mari et leur enfant aussi.

L'Oyabun étant intouchable, ses rivaux pour l'atteindre avaient visé les personnes qui lui étaient les plus chères. Exactement comme dans les affaires d'aujourd'hui : en éliminant les plus fidèles lieutenants du parrain de la pègre nippone, le meurtrier terminait-il une vengeance débutée il y a trente ans ?

— Ils ont tous été enlevés ? demanda Simmeo, pas certain d'avoir bien compris.

Donan vérifia ses notes. Il fronça les sourcils.

— Bizarre... Le dossier est plutôt laconique en ce qui concerne le mari et l'enfant. Ce qui est certain, c'est qu'ils sont enterrés avec Akiko.

— Comment s'appelaient-ils ?

Nouvelle vérification de Donan.

— Hishaku Shomon pour le mari et Hibiki pour le garçon.

L'inspecteur s'approcha de son écran en faisant une mimique contrariée.

— Une fille, reprit-il. Apparemment, c'était une fille avec un prénom de garçon.

— Et Yuki ? A-t-elle des enfants ?

— Non, aucun.

Cet Oyabun est un homme seul, conclut Simmeo. Non seulement il avait perdu sa femme – Simmeo s'interdit de se comparer au roi de la pègre nippone – mais il avait essuyé la disparition d'une famille entière (Akiko, Hishaku et Hibiki). Les récents décès de Yuki et de son mari agrandissaient un tableau de morts déjà bien rempli. Sans doute avaient-ils attisé une douleur enfouie de longue date dans le cœur du vieil homme.

Après un café américain, Donan exposa la situation à Simmeo : l'autopsie du yakuza retrouvé mort dans l'ambassade de France avait prouvé qu'il avait succombé à une crise cardiaque et que les traces aux chevilles résultaient des convulsions avant la mort. Malgré ces preuves évidentes, Donan n'avait jamais cru à la mort *naturelle* de ce yakuza mais ne disposait d'aucun élément pour étayer sa thèse.

Simmeo apprit que Naoko Santoka était un superlatif ambulant. Il aimait Tokyo comme une maîtresse, elle lui ressemblait, il l'avait bâtie à son image. Il possédait le port, poste clé de la cité : Tsukiji, le plus grand marché de poissons au monde, restait sa plus belle couverture.

Il continuait sa conquête du monde, sa plus grande force étant de s'y adapter. Un véritable caméléon. *Le symbole de son clan.*

— Tous ses « soldats » l'ont tatoué, attesta Donan en lançant sur son écran une vidéo.

Des yakuzas arboraient fièrement leurs tatouages lors de la grande fête de Sanja Matsuri[1].

— C'est paradoxal. La logique mafieuse indique plutôt d'être invisible, de la jouer profil bas, non ?

— On n'est pas en Italie, ici. Les yakuzas ne se considèrent pas comme une organisation secrète, ils infiltrent tous les secteurs économiques, et donc, souvent, ils possèdent un bureau bien visible arborant le nom ou l'emblème de leurs clans... On pourrait

1. Sanja Matsuri a lieu le troisième week-end de mai. C'est un festival de shinto, et la plus grande fête populaire de Tokyo avec près de 2 000 000 de spectateurs et participants. Elle se déroule à Asakusa, quartier historique de la capitale.

penser qu'ils essaient le moins possible de se faire remarquer alors que, en réalité, pas du tout.

— Patrons d'industrie, patrons de la police, bandits de haut niveau, tout le monde se côtoie, prend l'apéro. C'est comme ça tous les jours à Tokyo, confirma Wiki. J'ai vu le CEO de l'une des plus grandes banques du Japon s'allonger par terre pour supplier son parrain...

Simmeo se pencha pour mieux voir la vidéo. Il eut le sentiment d'assister à un véritable carnaval. Les yakuzas s'exhibaient, ils étaient les rois de la fête. Les membres du Santoka Gumi arboraient en effet un caméléon dans toutes ses déclinaisons. L'animal ressemblait à un planisphère. Jamais rassasié. Jamais satisfait.

Wiki traduisit ensuite à l'inspecteur japonais les découvertes du commandant français au sujet de la mort du couple Takanori. Simmeo s'appliqua à simplifier ses explications scientifiques – césium 137, paclitaxel, molécules et chimie, recettes qui transformaient les aliments en armes. Ensuite, après un court moment durant lequel les deux hommes burent une gorgée d'eau, Donan brisa le silence :

— Comment s'appelle le restaurant de ce grand chef français ?

— L'échoppe qui danse toute seule.

— Hokusai...

— C'est ça.

Il présenta à Simmeo un scellé : il s'agissait de la carte du restaurant, l'homme avait bien dîné là-bas lors de son séjour à Paris.

— C'est juste une piste que nous suivons, conclut Simmeo en évitant de préciser qu'il était seul et n'en avait pas d'autres.

Dévisageant, mine de rien, le flic japonais que Wiki lui avait présenté, le commandant français se dit que ce Donan devait mettre une application maniaque aux petites choses de la vie.

Il avait écouté le policier français sans l'interrompre (Wiki excellait dans l'interprétation simultanée). Il marmonna quelque chose d'incompréhensible pour Simmeo en sortant un étui de sa poche intérieure dont il tira un élégant peigne fin. Wiki opina du chef sans rien traduire, lançant un clin d'œil complice à Simmeo. Donan coiffa méticuleusement ses cheveux brillants, observant son homologue français. Sans posséder tous les tenants et aboutissants des théories moléculaires que le flic français venait de lui exposer, au plus profond de lui-même Donan appréciait l'audace de ce policier du célèbre 36 parisien : bien évidemment rencardé sur le dossier des Takanori et le refus en règle de la Demande d'entraide pénale internationale, l'inspecteur japonais savait qu'aucune raison officielle ne justifiait la présence de Simmeo à Tokyo. Ce Français ressemblait à un allié tombé du ciel pour le traqueur de yakuzas que Donan restait... L'idée que la mort de Benkei ne fût pas si naturelle que les premières conclusions l'avaient laissé paraître, l'éventualité que ce fils de pute ait été victime d'un empoisonnement : tout cela réjouissait le flic japonais.

Connaissant sur le bout des doigts les réticences de sa hiérarchie à dévoiler le moindre détail de ses dossiers d'État – au Japon, la communication était un leurre, tout étant en réalité classé *secret défiance* –, il décrocha son téléphone, bien décidé à passer outre les directives. L'obsession de la vérité habitait Simmeo, rejoignant la sienne, il avait la farouche intuition que la piste de ce Français méritait de s'y attarder.

Simmeo avisa Wiki en fronçant les sourcils. Le journaliste bilingue lui envoya un rassurant signal – c'est en tout cas comme tel que Simmeo interpréta sa mimique.

Donan s'entretint plusieurs minutes dans le combiné. Il avait mis le haut-parleur, son interlocuteur ne cessait de parler, Simmeo ne comprenait rien. Lorsque, enfin, Donan raccrocha, il s'adressa à Simmeo avec une mine satisfaite et Wiki traduisit en simultané :

— Pour Masamune, ça va être plus compliqué mais j'ai peut-être une idée.

Cela induisait que, concernant Benkei, Donan avait réussi à obtenir la réalisation des analyses toxicologiques. Simmeo en déduisit que la personne avec laquelle son homologue japonais venait de s'entretenir devait être le légiste – ayant lu sur plusieurs blogs que la déférence au Japon exigeait de ne pas poser trop de questions inopinées, il s'abstint. Après tout, il était sur le territoire de Donan et devait lui faire confiance. C'était déjà miraculeux d'avoir obtenu aussi rapidement une entrevue avec lui. Sans le formuler explicitement, l'inspecteur s'était engagé du côté du commandant dans cette bataille.

— Maintenant, parlez-moi de la sécurité de l'ambassade, enchaîna-t-il.

— La sécurité est assez simple. Il y a quatre caméras à enregistrement continu pour le hall d'entrée, la réception, l'ascenseur, l'entrée-sortie du parking-souterrain. Toute personne circulant dans l'ambassade passe obligatoirement devant l'une d'elles.

— Où est l'entrée du personnel ?

— Derrière l'ambassade.

— Il y a une caméra sur l'entrée de service ?

— Absolument.

Rien d'anormal, se dit Simmeo.

— Y a-t-il des passages secrets ? hasarda-t-il.

Il ne comprenait décidément pas comment ce yakuza s'était retrouvé à l'intérieur de l'ambassade.

— Je ne suis pas dans la confidence, mais je me suis posé la même question, acquiesça l'inspecteur nippon.

Forcément, l'édifice étant un territoire de l'État français, Donan ne pouvait en connaître les vices cachés. Simmeo nota de demander à Sophie de lui procurer les plans du bâtiment.

Soudain, les deux téléphones de Donan retentirent, tandis que son chef faisait irruption. C'était un homme rondouillard et échevelé, troublé et en sueur : il clignait des yeux inquiets derrière des verres de lunettes graisseux.

— Quelqu'un connaît ses parents? demanda Donan dans le micro de son téléphone.

— Sa mère est morte lorsqu'elle avait quatre ans. Son père est le célèbre avocat Katsumi Kokoro.

Donan se leva d'un bond. Simmeo, sans comprendre précisément la situation, reconnut immédiatement à son instinct de flic que quelque chose de grave venait de se produire.

Un riche étudiant avait été abattu d'une balle dans la tête au volant de sa voiture dans une ruelle résidentielle d'Omote Sando. Côté passager, Gin, la petite amie mineure du jeune homme, fille de l'avocat, avait quant à elle disparu, enlevée en plein jour. La demoiselle avait une sœur jumelle, Chisato, à qui le ravisseur avait envoyé une lettre préalablement dictée à Gin.

Donan conduisait avec une grande maîtrise. La circulation était dense mais parfaitement fluide, chacun respectant le code de la route. Contre l'avis de son supérieur, le flic japonais avait proposé au policier français et son interprète de l'accompagner sur les lieux tandis que son collègue, appelé en renfort, devait rejoindre le domicile de l'avocat. Simmeo avait immédiatement accepté, Wiki ne s'était pas fait prier.

Donan, habitué à travailler seul, était heureux de partager son obsession de la vérité avec ses deux nouveaux acolytes. Wiki avait été chargé de traduire la lettre du ravisseur à Simmeo.

— Il ne dit jamais *je,* releva Donan. Il ne dit pas « j'appellerai », il dit « vous répondrez au téléphone ».

— Il refuse de s'impliquer émotionnellement, suggéra Simmeo. S'il disait *je,* il prendrait ses responsabilités.

Donan resta stoïque.

— Il nous manque un élément : il ne parle pas de la police. Le ravisseur demande presque toujours à la victime de dire à la police de ne pas intervenir.

Wiki, resté en retrait sur la banquette arrière, se redressa :

— Peut-être qu'il espère que la police intervienne dans cette affaire...

Pas mal, convint Simmeo qui en était arrivé à la même déduction mais s'était abstenu de tout commentaire, craignant d'horripiler son homologue.

— Bon, eh bien, s'il veut nous voir, tâchons de ne pas le décevoir, approuva Donan en se garant.

Immédiatement, Simmeo fut saisi par le calme et l'organisation qui régnaient sur la scène de crime, parfaitement délimitée par des plots colorés reliés entre eux par un ingénieux système d'accroche.

Le plus étonnant était le car-fourgon de la police scientifique garé à deux pas de la scène de crime. Donan leur fit visiter, autorisant même Wiki à réaliser quelques clichés.

Équipé de matériels analytiques, le car-fourgon se composait d'un poste de commandement (1/3 de l'espace) et d'un laboratoire (2/3). Immédiatement, cette configuration rappela celle du laboratoire culinaire du chef Eliott Principal. Sauf qu'ici, pas d'ustensiles pour battre les œufs en neige ou la démesure gastronomique : le poste de commandement était équipé de différents moyens de liaisons radio et satellites garantissant le contact avec les unités et les magistrats, mais aussi l'interrogation à distance des bases de données techniques.

Dans la partie laboratoire, une grande surface de paillasse avec une armoire de fumigation pour le relevé d'empreintes; des spectomètres destinés à mettre en évidence les composés organiques et à identifier les polymères; un ionscan permettant de révéler la présence de produits stupéfiants, explosifs ou hydrocarbures.

Impressionnant.

Le reporter, fasciné, photographiait le matériel scientifique comme s'il s'agissait d'œuvres d'art.

Aucun badaud ne s'attardait ni ne gênait le travail des policiers, aucun journaliste ne harcelait les enquêteurs. Simmeo nota que Wiki, présent sur la scène du crime en tant qu'interprète du policier français, n'outrepassait nullement son privilège. *Appréciable.* Le cadavre du jeune homme abattu avait été enveloppé dans une housse, des pompiers le portaient.

Une jeune fille était allongée par terre, sous les roues du véhicule. Elle parlait toute seule. Simmeo observait Donan, lequel était en train de lever les yeux au ciel.

— C'est la sœur jumelle... glissa Wiki à l'oreille du Français. Elle ressent que sa sœur est toujours vivante.

Donan leva une nouvelle fois les yeux au ciel, exagérant un soupir.

— C'est le sixième sens des jumeaux?

Ce Donan rappelait Calanques à Simmeo : bourré de préjugés sur la psychologie, frôlant parfois le mépris, il n'était pas un mauvais bougre.

— Ça n'a rien à voir avec tous ces trucs débiles qu'on raconte! s'insurgea la jumelle en se relevant. Si vous lui plantez une aiguille, je ne vais pas crier ou avoir mal. En revanche, même si des milliers de kilomètres nous séparent, elle peut ressentir que je ne vais pas bien et moi c'est pareil. Et là, elle ne va pas bien et a besoin d'aide.

— Donc vous ressentez qu'elle est toujours en vie? se permit Simmeo.

Wiki avisa Donan, lequel opina d'un bref mouvement de tête, l'autorisant à traduire. Le traducteur s'exécuta et la jeune fille, absolument pas impressionnée, répondit :

— Oui. Elle s'est débattue.

Donan, sceptique, intervint :

— Vous faites des études de physique, non?

— Oui. Et si vous vous demandez comment une scientifique peut croire quelque chose de si irrationnel, sachez que je n'y crois pas. Je vous dis juste ce que je ressens.

— Et...? insista Donan, quelque peu contrit.

La jeune fille ignora Donan, fixant Simmeo dans les yeux :

— Et mon impression est que ma sœur est toujours en vie.

Elle s'éloigna, Donan amorça un haussement d'épaules.

— Vous croyez que Chisato est cinglée parce qu'elle pense que sa sœur est toujours vivante ? réagit Simmeo.

— Je n'ai jamais dit qu'elle était cinglée, réfuta Donan.

Sa mauvaise foi amusa Simmeo, lui rappelant une nouvelle fois Calanques. Il réalisa que ses équipiers lui manquaient, puis se souvint d'un ancien dossier de la Crime incriminant deux frères jumeaux.

— En fait l'explication est d'ordre physiologique, risqua Simmeo.

Après la traduction de Wiki, Donan observa Simmeo par-dessus ses lunettes noires.

— Ça m'aurait étonné ! soupira-t-il en haussant les épaules. La police scientifique française !

Simmeo ne se découragea pas et continua :

— Les embryons monozygotes se séparent entre le neuvième et le dixième jour. Ils ont donc le même ADN. La documentation est sporadique concernant les douleurs simultanées.

— Donc vous, vous y croyez ? riposta Donan.

— Non, je dis seulement que c'est possible.

L'irruption de maître Kokoro, le père des jumelles, interrompit la polémique.

— Alors, vous avez des pistes concernant ce ravisseur ? s'enquit-il tout de go.

— Il avait une raison de vous choisir, répliqua Donan en lissant sa moustache. Il vous en veut. Chaque ligne de sa lettre commence par le mot « vous ». Il pense que vous avez une dette envers lui, que tout ce que vous possédez, vous ne le méritez pas.

Le père blêmit.

— Si le ravisseur veut que j'oriente un procès, je suis prêt à le faire.

— Qui est-ce qui vous dit que le ravisseur en veut à un de vos dossiers ? le coupa Donan.

— Je ne vois pas d'autres pistes. Je suis riche, mais pas millionnaire.

Donan savait que l'avocat était en charge de dossiers hypersensibles. Réputé intègre, en chasse contre la corruption, l'homme avait reçu plusieurs menaces de mort de toutes les différentes familles yakuzas et avait été placé sous la surveillance permanente de la police – les alibis des gardes du corps qui se relayaient H24 étaient en train d'être vérifiés. À leur majorité, ses filles avaient refusé la protection. *Dommage pour le petit copain de Gin, froidement abattu.*

— S'ils veulent que je dissimule des preuves, je suis prêt à le faire aussi...

Donan laissa le silence s'instaurer. Katsumi Kokoro, effondré, manquait de lucidité. *Jamais bon d'être prêt à toutes les compromissions,* songea Simmeo.

— Je voudrais seulement que Gin aille bien... Ils auront ce qu'ils demandent...

Face à l'accablement de l'avocat, le policier français préféra préciser :

— Et d'après le langage qu'il a employé, il y a fort à parier qu'il travaille seul.

Le téléphone de Donan vibra, avant de décrocher, il conclut :

— Vous savez, dans notre métier, chaque affaire est différente.

Ōshima : signifie « Grande Île ».
Située dans la préfecture de Kagawa
dans la mer de Seto, l'île en question
n'est justement pas bien grande.
Depuis 1909 et jusqu'en 1996,
Ōshima fut interdite au public,
devenue un sanatorium.
Il existe plusieurs îles de ce nom au Japon.

L'Oyabun Naoko Santoka avait convoqué Sanzo Okanabe dans un restaurant. À contrecœur, le lieutenant laissa ses cochons muselés à l'extérieur.

Sanzo, de plus en plus fatigué malgré son traitement, s'était pour l'occasion confectionné un masque sanitaire sur mesure, trouant la bouche. Ainsi, il pourrait manger – ou faire semblant car son état lui coupait l'appétit – sans avoir à ôter son cache-misère. Il hésitait à raconter ses mésaventures médicales à son Oyabun pour deux raisons.

D'abord, Sanzo ne faisait confiance à personne. Quelqu'un l'empoisonnait et il comptait bien découvrir qui avant de mourir.

Ensuite, même si, depuis 1996, les lépreux japonais n'avaient plus obligation de vivre isolés, cette rebutante maladie continuait de faire peur. Sanzo, si près de devenir le numéro 2 du Santoka Gumi, redoutait que l'Oyabun ne le prie de s'éloigner des affaires.

De son côté, Naoko Santoka souhaitait pousser la loyauté de Sanzo dans ses retranchements. L'Oyabun était très contrarié : son laboratoire de chimie, celui dans lequel il avait par le passé synthétisé l'héroïne la plus pure au monde et synthétisait aujourd'hui la meilleure *shabu* du continent, avait été cambriolé. Une tonne de ces méthamphétamines synthétisées principalement à partir de pseudoéphédrine avait été dérobée.

Avec ses lieutenants qui tombaient comme des mouches, ce vol sonnait comme la provocation de trop. Il avait le sentiment que quelqu'un profitait de la mort de Masamune Yakunari pour semer le trouble et il avait besoin de savoir s'il pouvait vraiment confier le secteur des drogues à Sanzo, plutôt habitué à gérer les trafics des jeux et des prostituées.

Il se sentait las mais pas abattu, et s'il devait mener une ultime bataille, il n'hésiterait pas à le faire. Jamais il n'accepterait qu'une nouvelle guerre des familles éclate. Jamais il ne céderait à un nouveau partage des quartiers de Tokyo. Il resterait le Shogun de son royaume.

Pour cela, il devait trouver au plus vite qui assassinait ses proches et qui l'avait cambriolé.

Installés dans un salon privé, l'Oyabun commanda la spécialité du restaurant sans demander son avis à

Sanzo, lequel avait bandé ses deux mains, dissimulant leur atrophie. Grâce à un ingénieux système, il pouvait tenir ses baguettes.

Depuis que le médecin lui avait annoncé qu'il avait été intoxiqué, le yakuza méthodique avait démêlé le comment, convaincu que cela le mènerait au pourquoi : empoisonné par la nourriture, il avait pris certaines dispositions dont celle de renvoyer son personnel de maison et ne plus manger que les produits qu'il avait lui-même choisis. Il fallait dire que l'appétit n'était de toute façon plus franchement au rendez-vous.

Le plus intrigant était cette histoire de *deux fois* que lui avait soufflée le toubib.

La première, il y avait plusieurs mois.

La seconde, il y avait quelques semaines, voire quelques jours.

— Que vous est-il arrivé ? questionna le parrain de la pègre en avisant les bandages de Sanzo.

— Je me suis brûlé sur les pierres de mon sauna, mentit Sanzo.

On laisse les gens inventer qui nous sommes, se disait en réalité le yakuza en son for intérieur. *On garde la vérité pour nous.*

L'Oyabun, convaincu par l'explication, leva son verre de vin blanc.

— S'il y a de plus en plus de méduses c'est parce que leur prédateur, la tortue, est en voie de disparition. L'équilibre est rompu...

Sanzo resta silencieux non par respect mais parce qu'il n'avait pas compris où voulait en venir son chef ni quelle subtilité se cachait derrière cette mystérieuse métaphore. Le style elliptique de Naoko Santoka étant réputé, Sanzo s'abstint de le contredire.

L'Oyabun se pencha vers son lieutenant et, à voix basse :

— Je veux savoir qui est la méduse qui a volé notre tonne de *shabu*.

Cette confidence rassura Sanzo : en disant *notre*, l'Oyabun l'incluait, témoignant sa confiance. Rasséréné, le lieutenant leva son verre à son tour.

— Je doute qu'à Tokyo quelqu'un ait le cran de vous voler une tonne.

— J'adore ta façon coréenne de voir les choses, avoua l'Oyabun en avalant une gorgée de vin.

— Pourquoi coréenne ?

— Exaltée, prophétique...

— Et la manière japonaise, c'est quoi ?

— « Soyez vainqueur en secret »...

— *L'Art de la guerre*, reconnut Sanzo. Sun Tzu.

Passionné et cultivé... Le terreau de la réussite, convint l'Oyabun, satisfait. Masamune Yakunari ne lui avait pas menti lorsqu'il lui avait assuré que Sanzo Okanabe était le plus sûr lieutenant du Santoka Gumi.

— Je te nomme Wagashira, annonça l'Oyabun.

Sanzo accepta, omettant de préciser son état de santé. Il avait atteint son Graal, ce titre honorifique était tout ce qui comptait.

Revigoré par ce leurre de gloire, Sanzo arpentait le quartier de Shibuya. Il croisa des accros au sexe, des noctambules persuadés que le monde appartenait à ceux qui ne se couchaient pas : tous ceux qui avaient toujours tout fait pour la grandeur de Tokyo.

Ici, personne ne le connaissait et cela le réconfortait. Il voulait simplement un peu d'animation. La circulation cadencée des voitures dans les avenues. Les façades vitrées des gratte-ciel, le cuivre des toitures, le bitume quadrillé, les baies antibruit à double vitrage, les caillebotis en cèdre, les jeux d'ombres stroboscopiques et de lumières sur la mégapole en fin d'après-midi. Les voix dans son dos et dehors jouaient de concert pour produire l'harmonie singulière qui insufflait sa vie au quartier et maintenait son rythme.

Une fois chez lui, il sortit de ses archives personnelles les agendas de ses deux dernières années. L'avancée de sa maladie accélérait chaque heure un peu plus, il souhaitait vérifier avant d'être totalement paralysé :

– les endroits – hôtels ou restaurants – où il avait dîné lors de ses déplacements dans l'archipel ces derniers mois,

– le nom des cuisiniers qui s'étaient succédé à son service.

Avec sa bouche déformée et ses deux mains atrophiées, le moindre effort lui coûtait. Sanzo avait intérêt à être patient.

En attendant les résultats toxicologiques de Benkei Urimano, Simmeo avait décidé de s'offrir la visite du musée du Samouraï.

Cette passion lui venait de loin : enfant, il avait pratiqué le judo – son père tenait à ce qu'Achille apprenne à canaliser son énergie. Leur professeur, dont l'épouse était originaire de Kyoto, aimait leur parler des guerriers japonais.

Le petit musée, dans le quartier chaud de Shinjuku, était coincé entre un sex-shop et un restaurant bas de gamme, mais Simmeo n'y prêta pas attention, attiré comme un aimant par l'armure garance et vermillon – une Yoroï – postée devant l'entrée en guise de bienvenue. *Welcome*, indiquait d'ailleurs une affiche. Il poussa la porte avec l'impression de pénétrer dans une accueillante caverne. Des graviers recouvraient la terre battue, le plafond de bois était bas, la lumière tamisée, l'accueil chaleureux et calme.

Une visite en anglais venait de débuter, Simmeo prit son billet puis rejoignit la jeune guide. Trois touristes américains l'écoutaient religieusement ; Simmeo les talonna en se laissant bercer par les explications historiques, les tentatives d'invasion par les Mongols, la résistance des samouraïs et des kamikazes.

— L'état d'esprit et la culture samouraï sont indissociables de son armure. J'aimerais évoquer le Bushido qui est le code d'honneur des samouraïs basé sur sept vertus : droiture, courage, bienveillance, politesse, sincérité, honneur, loyauté.

Simmeo les connaissait par cœur.

De part et d'autre, les premières armures, mélange d'étoffes et de matières brutes, s'exposaient sur une estrade. La lumière feutrée valorisait les casques guerriers. Une splendeur. Simmeo avait rarement eu l'opportunité d'en voir d'aussi près et autant. Il n'eut pas le temps de s'émouvoir, la guide empruntait déjà un large escalier en bois, montant à l'étage. Il laissa passer les trois Américains, des amateurs apparemment, puis leur emboîta le pas.

Des casiers dans lesquels les visiteurs étaient priés de ranger leurs chaussures ourlaient un pan de mur. Simmeo s'exécuta, puis rejoignit dans une petite salle ses comparses. Plusieurs vitrines révélaient une orgie de sabres ainsi qu'une paire d'étriers de selle, des *abumi*, en fer. Ils devaient peser plusieurs dizaines de kilos chacun, étaient niellés d'arabesques florales en argent. Une splendeur. Achille reconnut un modèle traditionnel en forme de gorge de pigeon (*hato mune*) avec une semelle en laque rouge garance, légèrement incurvée pour empêcher le pied de glisser. Il repéra la signature du manufacturier en caractères japonais sur la boucle. La vitrine suivante révélait cinq casques des différentes périodes. Subjugué par l'un d'eux – en laque, patiné, lacé de cuir en forme de papillon, et qui avait appartenu à Ashagazu –, Simmeo frissonna : ce samouraï, réputé pour son maniement de l'arc et de l'épée *katana*, avait combattu en tant que fantassin dans plusieurs célèbres batailles. Le policier peinait à contenir son émotion. Il avait rarement convoité quelque chose dans sa vie. Pourtant, lorsqu'il aperçut le petit panneau *For sale* discrètement posé, il avança vers la guide.

— *How much*? demanda-t-il, pointant le casque de collection.

La discrétion japonaise l'obligea à rejoindre le responsable dans son bureau. Le temps pour Simmeo de tomber sur un autre joyau : une armure complète de pure tradition Bushido avec ses soixante-deux plaques dans le *kabuto*. Immédiatement, il chaussa ses lunettes pour lire en anglais la présentation de l'objet de collection :

Époque Edo
Création d'un grand artisan du XVIIIe siècle.
Complet avec toutes ses pièces d'origine.
Originaire de la préfecture de Marugame.

Simmeo scruta l'armure. Elle était en excellent état de conservation, à peine l'usure du temps l'avait-elle patinée.

Il reprit sa lecture :

Commandé pour un Daimyo, des seigneurs féodaux puissants.

Fabriqué à l'aide de petites échelles individuelles connues sous le nom de *honkozane* : chacune est couverte en cuir doré et a été travaillée pour ressembler à un brocart dans le style de cuir hollandais.

Il montre le goût de la noblesse japonaise pour les matériaux exotiques en une époque où le pays s'ouvrait au commerce international.

Les matériaux qui la composent sont légers et raffinés avec l'utilisation de couleurs végétales, alliant l'élégance des formes et la précision de techniques ancestrales...

Paiements personnalisés.
Certificat d'origine et d'authenticité.
Excellent investissement.

Simmeo ne chercha pas à négocier. Il tendit son American Express et son passeport, indiqua son adresse parisienne pour la livraison des deux pièces au directeur du musée, ne rechigna pas au supplément que l'international exigeait. *Comment claquer tout le fric d'Erwan Leguennec en une leçon et cinq minutes...* Allégé de cet héritage qui n'existait plus, heureux de savoir qu'il pourrait admirer cette armure à sa guise une fois rentré chez lui, il rejoignit la guide et les trois Américains.

La visite prévoyait une démonstration de sabres, l'essayage d'un casque de l'époque post-Edo, Simmeo ne rechigna devant aucun effort, se prêtant de bonne grâce au rôle du *bon petit Français* qui prend en photo ses amis américains. Obsédé par le casque et l'armure qu'il venait de s'offrir, il ne prêta pas attention aux deux hommes en noir qui n'avaient pas pris la peine de retirer leurs chaussures et le talonnaient.

Soudain, profitant d'être seuls avec le Français, les hommes en noir lui enfouirent la tête dans un sac de jute, le poussèrent violemment dans l'une des pièces excentrées, soulevèrent une trappe et jetèrent Simmeo à l'intérieur.

Il se sentit aspiré.

Pieds nus – ses chaussures étaient précautionneusement rangées dans le casier du musée –, Simmeo sentit l'humidité de la terre sur laquelle il avançait, poussé par ses ravisseurs. Il ne voyait pas grand-chose mais les effluves des égouts ne laissaient aucun doute. Si la mégapole avait la réputation de prendre le large par les airs, en réalité elle s'évadait tout autant en galeries souterraines. Les entrailles de Tokyo tremblaient, Simmeo crut entendre le passage d'un métro au loin. Il avait été pris de court. L'un des Blues Brothers lui avait confisqué son téléphone, le second ses papiers.

Il se concentra sur l'itinéraire emprunté, cela lui permit au moins de ne pas céder à la panique. Après une dizaine de minutes de marche forcée, il se sentit poussé vers une échelle en métal, grimpa les barreaux, manquant plusieurs fois de glisser.

Ils sortirent, Simmeo eut le temps d'entendre l'eau, de comprendre qu'ils se trouvaient sans doute sur les berges de la Sumida. La tête toujours enfouie, il fut jeté sur un bateau à moteur. L'air le rasséréna.

Enfin, l'un des hommes retira le sac de la tête de Simmeo tandis que le bateau ralentissait, accostant. *Un ponton privé.* Tout avait été très vite. Simmeo n'avait pas dit un mot ni entendu la voix de ses ravisseurs.

Il aperçut la Tokyo Tower qui perçait au loin le ciel de la ville, avant que les hommes lui intiment de s'engouffrer dans une vaste propriété.

Ils traversèrent un luxuriant jardin.

Debout devant un bassin fleuri de fleurs de lotus, un vieil homme japonais, quoique parfaitement valide et apprêté, l'accueillit en s'inclinant comme s'il était un invité de marque.

— À qui ai-je l'honneur? demanda Simmeo en français dans le texte.

Puis, réalisant que son interlocuteur n'y devait rien comprendre, il réfléchit afin de formuler sa question en anglais. Il n'en eut pas le temps, son hôte s'empressa de préciser en inclinant son buste :

— Monsieur Simmeo, pardonnez ces manières quelque peu grossières...

Le bonhomme connaissait le nom du commandant français, et ce dernier, franchement ébahi, ne parvint pas à dissimuler son incompréhension.

— Naoko Santoka, précisa le vieil homme en s'inclinant une nouvelle fois. J'ai bien connu votre arrière-grand-père et votre grand-père... À Marseille et à Saint-Tropez.

Simmeo eut besoin d'un moment de réflexion pour assimiler les trois informations que son cerveau venait de percevoir : l'homme s'exprimait en français (donc le comprenait), était l'Oyabun Santoka, le prenait pour le petit-fils de Charles Simmeo, parrain de la mafia corse – il l'était, au fond ; mais en ce moment sa généalogie le taraudait.

Pour l'heure, une seule question prévalait : que faisait-il, pieds nus de surcroît, chez le parrain du Santoka Gumi ?

L'Oyabun l'invita à entrer dans sa demeure. De plus en plus intrigué par l'incongruité de la situation, quelque peu sur ses gardes aussi, Simmeo suivit son hôte.

À l'intérieur de la maison, la pièce familiale était la première sur la droite en entrant. L'Oyabun le pria de s'y installer puis ressortit, laissant Simmeo seul avec un homme, sans doute un lieutenant ou garde du corps du puissant parrain. Simmeo fut surtout frappé par le large et épais masque sanitaire qui camouflait le visage du type, son chapeau vissé sur sa tête, ses lunettes noires et plusieurs pansements aux deux mains et à une oreille. Simmeo ne posa aucune question, remarquant l'armure vue chez Drouot dans un coin de la pièce : l'Oyabun avait réceptionné la livraison.

La salle était garnie de tatamis en paille de riz tissée, gansée de soie rouge et or. Des coffres de laque noire s'alignaient sur un côté. Au milieu, une table rectangulaire et six coussins. Des rouleaux de calligraphie étaient accrochés au mur avec, sur la droite, la longue fenêtre donnant sur le jardin et, sur la gauche, l'alcôve contenant l'autel familial : un imposant bouddha, un bougeoir, un brûleur à encens, une cloche ainsi qu'un maillet. Des photos encadrées trônaient sur l'autel. La pièce baignait dans les reflets des myrtes de crêpe, des lauriers et des cannas. Curieux, Simmeo s'approcha des portraits, supposant qu'il s'agissait des membres de la famille Santoka.

Il reconnut en effet le parrain de la pègre le jour de son mariage. À ses côtés, sa jeune épouse, les mains jointes devant elle, posait en kimono, le visage blanchi par la poudre de riz, la bouche vermeille éclatante.

Un autre cliché attira son regard : il s'agissait d'un très beau portrait d'une fillette réalisé en noir et blanc datant des années 70.

Il resta ensuite un moment accroupi sur le tatami, fixant les pales du ventilateur. Engourdi, il se cala contre le mur. Il avait mal au dos, des crampes derrière les genoux, alors il replia les jambes en tailleur. Immédiatement, une douleur à l'aine l'assaillit. Il plia ses jambes sur le côté, cette fois ses chevilles se rappelèrent à son bon souvenir... Aucune position ne lui convenait, il se sentait un peu gauche. Il avait bien vécu au ras du sol dans ses chambres d'étudiant mais il y avait toujours des monticules de coussins pour caler le dos, une jambe – sur lesquels Simmeo se souvenait avoir eu sa première expérience sexuelle.

La natte de tatami était loin d'être aussi moelleuse qu'il y paraissait au premier regard.

Soudain, il perçut un tintement erratique et incontrôlé provenant de la chambre voisine. Il n'avait jamais entendu ce son. Dans la mesure où il se figura une pluie de notes montant en fine bruine avant de retomber en grappes, il ne le trouva pas si agaçant, comme si une clochette égrenait une mélodie cristalline sans partition. Le silence se fit de nouveau et l'Oyabun entra. Il portait un plateau sur lequel étaient disposés une théière, deux petits bols ainsi que plusieurs *dorayakis*.

Il s'assit à même le sol. Simmeo tenta de l'imiter, se demandant comment pouvaient bien faire les personnages dans les films d'Ozu : ils demeuraient impassibles, jambes repliées sous les fesses. Pour lui, c'était une contrainte impossible, une lutte perpétuelle.

— Alors commandant, il paraît que vous avez une piste? attaqua l'Oyabun, bille en tête. Je ne suis pas policier, en revanche je suis chimiste... continua le vieil homme. Figurez-vous que je suis arrivé aux mêmes conclusions que vous : ma fille a été empoisonnée.

Il sait que je suis flic et que j'enquête sur la mort de Yuki.

À bien y réfléchir, cette situation n'était pas surprenante : elle incarnait à merveille l'intégration de la pègre japonaise dans toute la société. L'Oyabun avait des yeux et des oreilles dans tous les recoins de l'archipel, Simmeo l'avait cette fois parfaitement compris.

— Laquelle ? hasarda-t-il, mine de rien.

Le yakuza fixa le policier. Cette pertinence lui plaisait.

— Vous parlez d'Akiko ?...

Simmeo resta de marbre, Santoka détourna le regard en ajoutant :

— En vieillissant, je me surprends à repenser à elle constamment. C'est une tragédie. Quel gâchis.

Pour la première fois, Simmeo crut déceler en lui une émotion sincère. Ce meurtre vieux de quarante ans semblait une plaie plus à vif que les assassinats récents.

L'Oyabun servit le thé.

— Vous devez traverser une période très traumatisante, se permit Simmeo, de moins en moins mal à l'aise. Perdre deux membres de votre famille, un ami proche et un de vos lieutenants en aussi peu de temps...

Le vieil homme termina de verser le thé fumant avec un sourire triste.

— Oui, ça a été un coup terrible.

Puis il se ressaisit, fixant intensément le commandant du 36 parisien.

— Avez-vous eu vent d'un complot contre vous ou les vôtres? interrogea le policier.

— Pff... Que serait Tokyo sans complot?

Le yakuza eut un imperceptible haussement d'épaules.

— Benkei et Masamune, reprit-il. Est-ce que leur mort est liée?

— On part sur cette hypothèse, répondit Simmeo en paraphrasant son chef.

Sa voix était calme et posée.

— C'est juste une des pistes que nous suivons. Pour autant que nous sachions, il n'y a qu'un point commun entre tous ces morts : leur passé. Est-ce que vous vous souvenez d'un incident pendant ces années qui...

— ... pourrait avoir provoqué chez quelqu'un l'envie de les tuer?

Le sourire maîtrisé atténuait les accents coupants dans sa voix. Simmeo se demanda s'il s'efforçait de ne pas se moquer de cette supposition.

— Vous parlez comme si leurs meurtres étaient, d'une façon ou d'une autre, justifiés, commandant.

Simmeo croisa les bras, signifiant qu'il n'en dirait pas plus.

— Simmeo-san, vous n'êtes pas le premier policier avec lequel je m'entretiens au sujet d'une enquête, vous savez... J'ai d'ailleurs des amis français à l'ambassade...

Simmeo pivota afin de changer de position et soulager ses chevilles.

— Magma, par exemple ?

— Magma n'a ni le vernis ni l'envergure essentiels à mes yeux, rétorqua Naoko Santoka.

Simmeo se demanda si l'Oyabun était sincère ou s'il éludait l'ambassadeur, histoire de ne pas s'attarder sur le sujet. *Pas impossible que ce vieux roublard connaisse les coulisses secrètes empruntées par le cadavre de Benkei Urimano, le yakuza du Santoka Gumi.*

— Mes lieutenants tombent comme des mouches, je paierai ce qu'il faut pour faire cesser ce carnage.

En buvant son thé, Santoka tenta de soudoyer le policier français, prêt à payer le prix pour que Simmeo lui amène le responsable de la mort de sa fille.

— Vous êtes un fin limier, vous n'êtes pas corrompu par ce pays, vous êtes le mieux placé pour découvrir la vérité.

Simmeo, flatté mais pas dupe, louvoya.

— Tant que je ne serai pas en mesure de prouver notre thèse de l'empoisonnement alimentaire, je préfère parler d'incertitudes... Et puis, en bon policier français, je n'ai pas l'habitude de confier mes enquêtes aux fonctionnaires de l'autre bord...

Tandis que l'Oyabun savourait le trait d'humour, Sanzo Okanabe, resté jusqu'ici en retrait et debout dans le fond de la salle, fut pris d'une violente quinte de toux. Il sentit le goût du sang dans sa bouche et se retint de vomir.

Avant de partir, Naoko Santoka remit sa carte de visite à Simmeo, « au cas où il changerait d'avis »...

L'Oyabun lui offrit une paire de chaussures – trop grandes et trop chic – puis demanda à Sanzo Okanabe de raccompagner le Français à son hôtel. Le policier, mal à l'aise en présence de ce drôle de type qui dégageait une odeur de poussière et de pourriture, assura qu'il préférait marcher.

Enfin seul et libre, il considéra les lumières tournantes du crépuscule.

Sur une place, entre la gare de Tokyo et le palais impérial, des fontaines illuminées se détachaient, les ombres des passants étaient déformées par le sillage des gouttes : il s'était mis à pleuvoir.

Il erra, encore abasourdi par cette rencontre, marchant au hasard dans les rues de Tokyo. Il suivit la boucle de la ligne ferroviaire du côté d'Ueno le long des docks de Minato, au gré des ponts, d'une rive à l'autre de la Sumida.

Sans savoir comment, sa flânerie erratique le mena sur une hauteur balayée par les vents marins. Un édifice érigé au milieu d'un parking l'attira, il s'approcha. La morgue de Tokyo. Il ne put s'empêcher de photographier le bâtiment antisismique réputé. À l'IML du quai de la Rapée, les légistes en parlaient souvent. Certains avaient même la chance d'y être venus en formation.

Plus tard, anéanti de fatigue, Simmeo s'assit à la terrasse d'un bar de Shimokitazawa. Chopes de bière et flacons de saké achevèrent de brouiller sa compréhension des événements.

1976

LE BRUIT COURT.

L'OYABUN NAOKO SANTOKA, AFFAIBLI PAR LA MORT DE SA BIEN-AIMÉE, COMPTE PLACER SA FILLE AÎNÉE À LA TÊTE DU SANTOKA GUMI.

AKIKO ET SON *GAIJIN* DE MARI HISHAKU SHOMON SEIGNEURS DE TOKYO,
L'IDÉE N'EST PAS DU GOÛT DE TOUS,
SURTOUT PAS DE YUKI,
LA CADETTE AUX AMBITIONS AUSSI DÉMESURÉES QUE LA JALOUSIE.

ELLE MET AU POINT UN REDOUTABLE GUET-APENS
LA DISPARITION D'AKIKO DEVRAIT DÉCOURAGER L'OYABUN.

ALORS
TROMPEUSE COMME LA PEAU DU CAMÉLÉON,
ELLE ATTIRE SA SŒUR.
TROIS COMPLICES PRENNENT

LE RELAIS,
LA RELÈVE.

YUKI A TOUT PRÉVU,
LA MAIN COUPÉE,
LA TORTURE ET LES VIOLS,
ELLE SAVOURE LES CRIS DE SON AÎNÉE.

CE QU'ELLE N'A PAS PRÉVU,
C'EST LA FORCE D'AKIKO,
QUI RÉSISTE,
JUSQU'À LEUR ÉCHAPPER.

SON VISAGE LACÉRÉ PAR LES RONCES LUI FAIT MAL, ELLE A LA BOUCHE PLEINE DE SANG ET LE GOÛT DE FER ROUILLÉ QUI ENVAHIT SON PALAIS LUI DONNE LA NAUSÉE. AU DÉBUT, ELLE A VOULU CROIRE QUE SON PÈRE, RICHE ET INFLUENT, LA LOCALISERAIT. APRÈS TOUT, MALGRÉ LEURS DÉSACCORDS, ELLE RESTE SA FILLE.

PERSONNE NE VIENT.

LA COURSE.
LA SIHOUETTE DE SA SŒUR À LA LISIÈRE DES ARBRES.
LES PHARES, LA VOITURE.
LE BOURREAU, SON OREILLE.

LE SABRE.

CONCENTRATION, HUMILITÉ, MAÎTRISE DU GESTE, RÉPÉTITION ET PRÉCISION.

TOKYO

Au Starbucks du coin, Wiki commanda un café long, Simmeo se risqua à demander son péché mignon, le triple espresso. Donan, accaparé par l'enlèvement de Gin, lui avait communiqué les résultats des analyses toxicologiques de Benkei ainsi qu'un épais dossier sur le Santoka Gumi. Tout était écrit en japonais. Simmeo le fit glisser jusqu'à Wiki.

— J'ai besoin que tu le lises et en fasses une synthèse. J'ai besoin que tu te concentres sur ces quatre morts. J'ai besoin de découvrir le secret qui les lie.

Pour Wiki, cette centaine de pages était une mine d'or. Un cadeau. Il feuilleta l'ouvrage puis le soupesa.

— Donnez-moi quatre heures, affirma-t-il.

Sans prendre le temps de terminer son café, il quitta immédiatement les lieux.

Simmeo installa son ordinateur : sa boîte mails saturait. Étant donné la taille de l'écran et du clavier de son téléphone, s'il en prenait connaissance *via* le mobile, le commandant français rechignait à l'utiliser pour y répondre. L'utilisation de son Mac Air était plus ergonomique pour ses gros doigts malhabiles. La dextérité des jeunes à taper SMS et mails sur leur portable le fascinait.

En buvant son deuxième triple espresso, il entreprit de faire plusieurs choses.

Il écrivit une réponse commune et affectueuse à PM et Calanques, relatant quelques anecdotes :

> *Tokyo est bien réel même si les WC sont en effet d'un autre monde – lunettes chaudes, nettoyage intégré, tout ce dont vous rêvez; dans la rue j'ai surpris une jeune écolière appliquer sur ses mollets un peu de colle pour faire tenir ses chaussettes; pas si compliqué de se repérer dans le métro avec un plan, plus difficile de comprendre leur tarif. D'ailleurs hier en passant mon ticket pour sortir de la station, j'ai déclenché une alarme : figurez-vous que j'avais trop payé en achetant mon billet. Le contrôleur m'a donc remboursé; j'ai essayé un pull dans une boutique, il faut enfiler un cache sur votre visage afin de ne pas tacher le vêtement, on sent qu'ici l'hygiène n'est pas une plaisanterie.* (Simmeo ajouta un aparté pour PM :) *Je n'ai pas encore eu le temps de passer chez Bape, mais ne désespère pas.*

Bape était *la* marque de vêtements adulée par la communauté internationale des skateurs, communauté dont faisait partie le fils de la policière.

Simmeo prit soin de joindre la photo du Rainbow Bridge prise du 52e étage de son hôtel.

Il lut un message de Sophie, écarquilla les yeux : outre le fait qu'elle voulait savoir si tout allait bien à l'autre bout du monde, elle l'informait qu'une opération était en cours à l'ambassade de France à Tokyo. Apparemment, Magma avait des soucis. Il la rassura :

Oui, tout va ! C'est magique ! Not lost in translation. Je crois que tu adorerais. (Surtout, il la remercia du tuyau.) *Je me rencarde.*

Elle eut droit à plusieurs photos.

Ne prenant pas la peine d'ouvrir les dizaines de messages publicitaires de sa banque et ses filières, il les supprima.

Capucine, la fille de Chloé, le remerciait pour le virement en lui envoyant un cliché d'elle déguisée en Picsou au milieu de ses amies. Amusé, ravi qu'elle en profite pour s'amuser, Simmeo répondit par une photo du mont Fuji et un laconique :

Devine où je suis !

La médecine du travail lui envoyait les résultats de son bilan de santé, il les téléchargea, consulta la pièce jointe : tout allait. Même son cholestérol était rentré dans la norme.

L'icône Skype clignota : Marius. Toujours d'une ponctualité exemplaire, le décalage horaire n'était pas problématique – Simmeo se demandait parfois s'il arrivait au chimiste geek gendarme de dormir.

Il enfila son casque et, à peine connecté, la voix du jeune scientifique retentit :

— Putain, Achille, c'est du lourd, ton truc...

Il semblait surexcité. Simmeo se cala dans le fauteuil du bar et écouta.

— Il a ingurgité du VX.

Simmeo, abasourdi, s'approcha de l'écran, comme si Marius se trouvait en face de lui.

— Du gaz VX ?

— C'est comme ça qu'il est couramment appelé, à tort car c'est un liquide.

Simmeo sentit une goutte de sueur perler le long de sa nuque : un liquide, ça s'encapsulait...

— Ton client a avalé l'agent neurotoxique du VX, un des composants organophosphorés les plus mortels jamais produits.

— Quels sont ses effets ? questionna Simmeo en ouvrant une nouvelle fenêtre sur son ordinateur.

Il tapa *organophosphoré* dans le moteur de recherches en écoutant Marius.

— Le VX attaque rapidement le système nerveux. Dans le cas de ton client, la toxine s'est libérée au moment de la digestion, plusieurs heures après son ingestion. Ensuite, en l'espace de quelques minutes, il a eu des difficultés à respirer, peut-être même des nausées, puis une perte de connaissance, une insuffisance cardiaque ou un arrêt respiratoire.

Marius avait vu juste.

— C'est ça, Benkei a été foudroyé par un infarctus.

— Pas étonnant. Le VX interfère dans la transmission des données aux muscles du corps, expliqua le chimiste français. Les organes reçoivent de fausses informations, les globules rouges ne transportent plus d'oxygène. Convulsions avec hypersalivation puis asphyxie... Irréversible.

— Sympa... On dirait une version plus mortelle et plus moderne que le sarin, remarqua Simmeo.

— Un peu. C'est indolore, inodore...

— ... Et hautement toxique, le coupa Simmeo. Comme le césium de Yuki Takanori et le paclitaxel de son mari...

— Ils ont tous les trois été intoxiqués à doses fortement concentrées, mais cette fois on a affaire à une arme qui figure sur la liste des armes de destruction massive de l'ONU.

Simmeo n'en revenait pas, c'était diabolique.

— Ça ressemble à quoi, ce VX?

— Imagine de l'huile de moteur...

Le policier imagina : suffisamment stable pour être transporté, difficile à détecter...

— Sacrément avantageux pour un assassin potentiel ! grogna-t-il.

Il prenait soin de ne pas parler trop fort, non par crainte d'être écouté – il s'exprimait en français et personne ne semblait intéressé par les aventures d'un touriste européen – mais par respect pour les clients. La japonisation était contagieuse.

— Un antidote? interrogea Simmeo qui gardait en mémoire que chaque poison avait son revers.

— L'atropine, un neurotoxique, confirma Marius.

Un chimiste pour l'élaborer, un cuisinier pour faire passer la pilule.

Exactement comme pour M. et Mme Takanori.

Il détenait la preuve que le cadavre de l'homme retrouvé dans l'ambassade n'avait pas succombé à un infarctus *naturel*. Que, comme ses acolytes, il avait été intoxiqué. Une intoxication qui provoquait ensuite une mort rapide et naturelle à l'examen du légiste.

— Tu es un as, je te tiens au courant, conclut Simmeo en coupant la communication.

Il se sentait abasourdi mais éprouva un instant de fierté, une pointe de satisfaction : les morts de ces trois yakuzas du Santoka Gumi n'étaient en rien *naturelles*. Comme le subodorait l'Oyabun, dans chaque cas, les mafiosi avaient été empoisonnés par molécularisation culinaire.

Simmeo le savait : chaque enquête dictait son rythme, adaptait sa cadence. L'enquêteur, au service de la découverte de la vérité, devait rester à l'écoute des moindres signaux. En l'occurrence, ce nouvel indice parut on ne peut plus clair à Simmeo : le moment de passer à la vitesse supérieure était venu. À partir de maintenant, tout pouvait s'enchaîner. *Je suis prêt*, se dit-il en se levant.

Le matin même, alors qu'il prenait son petit déjeuner au 52e étage de son hôtel, Simmeo avait ressenti une secousse. Le personnel, habitué, n'avait pas bronché. Les clients, eux, avaient applaudi. Simmeo, quant à lui, avait immédiatement vérifié son application : au Japon, une agence de prévision des séismes vous indiquait les tendances. « Magnitude 2 », avait lu Simmeo. *Secousse prémonitoire*, dans le jargon des sismologues. La prochaine, prévue pour le lendemain, atteindrait le niveau 3. *On ne sait pas quand la catastrophe va frapper, on sait juste qu'on n'y échappera pas*. Cette ville le fascinait. Ici, gratte-ciel lumineux et énergiques côtoyaient baraques d'un autre siècle. L'espace insulaire, revisité en hauteur, battait la démesure; lors des tremblements de terre, on pouvait observer l'écume des tours, la vibration d'une souffrance puis le silence.

Il était 20 heures, la nuit enveloppait la ville. Simmeo observa la ruelle paisible de ce quartier résidentiel, à quelques encablures de l'ambassade de France. Un tronc d'arbre servait de tuteur à la maison d'en face et Simmeo se retint pour ne pas la prendre en photo. Ce n'était pas le moment d'attirer l'attention sur lui.

Donan, en planque dans sa voiture garée à quelques mètres du restaurant dans lequel le chef n'allait pas tarder à terminer son service, vérifiait pour la énième fois son oreillette et son micro.

Simmeo avait découvert qu'au Japon les étapes à franchir pour obtenir un mandat relatif à un délit étaient bien moindres que celles pour un homicide. Une fois que vous teniez votre suspect en garde à vue vous pouviez l'interroger pour n'importe quelle vieille affaire, même un meurtre. C'était la procédure classique des flics de la Crime de Tokyo. *Malin, mais impossible en France.* Donan avait en tout cas estimé opportun d'utiliser si nécessaire cette combine pour le chef cuisinier. Ce dernier ayant prévu de quitter Tokyo le surlendemain – Simmeo avait réservé le même retour –, les policiers n'avaient plus de temps à perdre.

Wiki, attablé à l'intérieur du restaurant, commençait ses tomates farcies au thon cru et à la crème de *shiso. À tomber.* Il devait prévenir les policiers lorsque le dernier client serait parti.

Il était 21 heures lorsque Wiki se leva de table. Le signal.

Simmeo se mit en marche, Donan se redressa sur son siège.

Comme s'il s'agissait d'une chorégraphie parfaitement réglée, Simmeo passa devant le restaurant au moment même où Wiki en sortait, raccompagné par le chef.

Ce dernier n'eut pas le temps de fermer la porte derrière son client, Simmeo surgit. Eliott Principal eut un mouvement de recul, surpris, avant de reconnaître l'homme monté sur scène lors de la performance à l'ambassade de France. Il ne se souvenait pas de son nom mais s'écarta pour le laisser entrer.

— Vous avez faim ? demanda-t-il, rassuré.

— Vous m'accusez d'utiliser ma cuisine pour empoisonner des yakuzas ?!

— Vos talents en cuisine et en chimie, nuança Simmeo. Et je n'accuse pas, je suspecte, précisa-t-il en sortant sa carte professionnelle. Toutes les victimes ont pour point commun d'avoir dîné dans votre restaurant parisien avant de mourir. Vous n'aviez pas prévu que les Takanori prolongeraient leur séjour au dernier moment et mourraient à Paris. Sinon, votre plan aurait été parfait...

Le chef se pencha et lut le nom du policier.

— Écoutez, Simmeo, vous m'êtes bien sympathique, mais vous rendez-vous compte à quel point vous êtes grotesque ?

Simmeo savait que Wiki avait rejoint Donan dans la voiture et traduisait la conversation à Donan. Le policier japonais se tenait prêt à intervenir.

Lorsque le commandant parla des plantes à traire, du césium 137, du paclitaxel ou encore du VX, rien ne se passa comme prévu : le cuisinier, sans prendre la peine de nier ni de s'offusquer, ne broncha pas d'un iota.

— Vous ne m'arrêtez pas ? ironisa-t-il finalement, raccompagnant le policier jusqu'à la porte.

Simmeo se sentait à bout d'arguments, sans aucune preuve pour étayer ses soupçons. Il ne comprenait pas pourquoi son homologue japonais n'intervenait pas et n'eut d'autre choix que de se diriger vers la sortie. Une femme surgit des cuisines. Simmeo ne reconnut pas immédiatement Suzanne. Sans être yakuza, cette femme était un véritable caméléon, sauf son œil rouge, unique et traître. Derrière tout ça, Achille sentait venir les ennuis.

— Ne vous inquiétez pas, vous serez le premier informé... assura-t-il au chef.

Il manquait de preuves mais finirait par les rassembler.

La foi était la base de son métier.

Sanzo Okanabe était garé quelques voitures derrière celle de Donan. Sur la banquette arrière, les trois cochons se disputaient une poupée de chiffon. Grâce aux vitres fumées, le yakuza se savait invisible – bocal pour uriner si nécessaire, réserve de Coca et de cigarettes, musique dans les oreilles, chargeur chargé. Le kit de survie du parfait criminel. Un criminel lépreux mais un criminel tout de même.

Le tête-à-tête auquel il avait assisté entre son Oyabun et le *gaijin* lui avait ouvert les yeux – ou ce qu'il en restait. Sanzo avait eu un électrochoc, se rappelant que lui aussi avait dîné à Paris avec les Takanori dans leur restaurant favori, il y avait dix-huit mois de cela. L'étranger... La France. Qui pouvait lui en vouloir aussi loin ?

Surtout : il n'avait jamais remis les pieds à Paris depuis.

Son médecin avait été catégorique : « On vous a empoisonné deux fois. » Comment était-ce possible ?

Sanzo avait fini par comprendre.

Le chef Eliott Principal possédait plusieurs restaurants à travers le monde. Notamment à Tokyo, dans ce quartier des ambassades.

Or, quinze jours auparavant, c'était justement dans cette échoppe qu'il avait rencontré pour affaires Benkei Urimano.

Quelques jours après ce dîner, Benkei était mort.

Lui avait commencé à se sentir mal en point.

Puis tout s'était accéléré.

Son médecin lui avait envoyé un long article d'une revue scientifique et Sanzo avait finalement déduit qu'à Paris le cuisinier lui avait servi de l'écureuil, porteur du bacille de la lèpre.

Il n'avait pas apprécié la nourriture, lui plutôt client du Pied de Cochon ou de La Coupole lorsqu'il venait à Paris. Cependant, soucieux de ne pas décevoir ses amis qui avaient la bonté de l'inviter dans ce restaurant étoilé, il avait bien sûr avalé ce qui se trouvait dans son assiette – cette manie du glaçage, de l'agar-agar ou des billes d'alginates... *Des frites, vite !* Bref, il avait été rebuté, mais pour ne pas choquer les Takanori, il avait fait semblant de savourer son plat comme un gourmet.

Pourquoi ce chef français que Sanzo ne connaissait ni d'Ève ni d'Adam l'avait-il empoisonné ?

Pourquoi ce chef réputé avait-il intoxiqué quatre autres membres du Santoka Gumi ?

Le lieutenant craignait le pire : qu'Eliott Principal travaille pour une famille adverse. Peut-être même le bonhomme était-il lié au récent vol des métamphétamines qui souciait tant l'Oyabun ?

Sanzo s'extirpa de son véhicule. Il était devenu l'ombre de lui-même en quelques jours, et en croisant son reflet dans la vitrine du restaurant il eut un pincement au cœur. À ce moment précis, si on lui avait demandé de décrire sa vie, Sanzo Okanabe aurait dit qu'elle était une pente glissante, une succession de dégringolades. Il était parti du sommet lorsqu'il avait douze ans et n'aurait jamais imaginé pouvoir échouer.

— C'est quoi, le business du JK? demanda Simmeo à Wiki.

Depuis qu'il était sorti du restaurant puis monté dans la voiture de Donan, ce dernier n'avait cessé d'être en communication. Une évidence : l'enquête sur l'enlèvement de Gin la jeune jumelle, fille de maître Kokoro, amorçait un rebondissement de taille.

— Les Joshi Kousei sont, littéralement, des « jeunes lycéennes ». Le marché du JK est multiple : cela peut aller d'une simple promenade à la relation sexuelle tarifée.

Simmeo avait compris l'essentiel : le JK était un foyer de prostitution, les cas de jeunes filles qui souffraient d'abus sexuel y étaient fréquents. Comme partout, entrer dans ce genre de business restait surtout un pont vers l'industrie du sexe.

— Les établissements de JK essaient de contourner la loi de toutes les manières possibles. Par exemple, ils fournissent un *travail* officiel aux jeunes filles – comme s'adonner à l'origami.

Le problème était que les établissements qui pratiquaient le JK changeaient régulièrement de noms et d'adresses, compliquant le travail de la police. D'après la loi, étaient considérées comme établissements de JK les entreprises employant des filles de moins de dix-huit ans. Les clients avaient la possibilité de les regarder dans leurs chambres grâce à des miroirs sans tain dans des « clubs d'observation ».

Elles étaient en sous-vêtements ou en maillots de bain lorsqu'elles travaillaient en tant que serveuses ou danseuses, servaient de l'alcool, discutaient et jouaient avec des clients sur rendez-vous, massaient des clients dans des salles privées.

Elles se promenaient avec des clients lors de « rendez-vous galants » et nettoyaient à l'occasion leurs maisons, en costume, laissant les clients prendre des photos d'elles.

Simmeo avait écouté attentivement Wiki et tentait de suivre. Apparemment, la jeune fille enlevée avait un lien avec le Joshi Kousei.

Une certitude : plus vite Donan résoudrait cette affaire, plus tôt ils se remettraient à celle qui préoccupait Simmeo.

Sanzo se faufila dans le restaurant. Il poussa la première porte de l'épaule. La gâche fit un léger déclic en s'ouvrant. Le chef faillit lâcher les assiettes qu'il tenait à la main quand il aperçut un porc apparaître le groin vissé au sol, cherchant sa pitance. L'effet de surprise profita à Sanzo qui pointa sur lui une arme à feu. Eliott ne put s'empêcher de s'exclamer :

— Sanzo Okanabe !

Le yakuza scruta le visage de l'homme en tablier.

— Et à qui ai-je l'honneur ?

— Vous menacez tous les inconnus que vous rencontrez ?

— Et toi, espèce de chien, tu empoisonnes tous tes clients ?

Le chef écarquilla les yeux.

— Comment ça ?

— Non, c'est vrai, tes plats sont uniques, et ciblés...

Eliott posa les assiettes le plus calmement possible sur la table la plus proche.

— Vous vous êtes donné le mot ? C'est la deuxième fois qu'on traite ma cuisine de poison ce soir.

L'homme s'approcha du chef jusqu'à poser le bout de son canon sur sa poitrine.

— J'ai donc tant vieilli ? demanda Eliott Principal avec un calme olympien et sans reculer d'un millimètre. Tu n'as pas très bonne mine toi-même, Sanzo. Je suis le mari d'Akiko Santoka.

Soudain, Suzanne, féline, surgit de la cuisine, un couteau à sushi à la main. Elle serra ses mains autour du manche et pointa l'arme vers le yakuza.

Le colosse ne put s'empêcher de ricaner à la vue de la jeune femme et de son allure frêle. Il tourna son regard vers celui, azur et froid, du chef.

— Je vais te faire ravaler ton impudence avec tes dents, marmonna Sanzo derrière son masque. Ta cuisine est prétentieuse, elle agit comme une flûte désenchantée. Elle mène à la souffrance et la mort. Tu ne mérites pas plus de vivre que ta pute de femme.

Eliott n'eut pas le temps de penser à frapper que son poing serré atteignait déjà le visage de celui qui avait insulté sa bien-aimée.

Suzanne profita de cette diversion pour bondir et renversa Sanzo, se retrouva à califourchon sur sa poitrine, bloquant habilement ses bras avec ses tibias.

Sous le regard partagé entre la fureur et l'incrédulité de son père, Suzanne planta d'un coup précis son couteau dans l'œil du lépreux, l'énucléant aussi proprement que le poisson-lune.

Sanzo hurla, s'arcboutant et déséquilibrant Suzanne qui tomba sur le côté, lâchant le couteau. Le yakuza se mit lourdement à quatre pattes, éructant des injures et tâtonnant, aveuglé de douleur. Son œil avait roulé non loin et il donnait l'impression presque comique de chercher ses lunettes.

Eliott alla ramasser le couteau.

Il s'approcha du yakuza, le contemplant de toute sa hauteur.

Enfin, le plus tranquillement du monde, attrapant ses cheveux, il l'égorgea.

Le regard rouge de Suzanne accrocha celui de son père et ne le lâcha plus.

Le porc, qui continuait sa futile chasse aux miettes, attiré par l'odeur du sang qui commençait à couler du visage de son maître, se précipita en ronflant sur le globe oculaire, qu'il croqua goulûment.

L'enquête sur l'enlèvement de Gin, la fille mineure de l'avocat, montait dans les tours. Avec en ligne de mire l'épineux dossier du JK – patate chaude que la communauté internationale pointait régulièrement, mettant à mal l'image lisse du Japon –, les plus hauts dirigeants nippons se mobilisaient, communiquant à tour de bras afin de rassurer population et touristes sur cette ombre gênante. Le père de Gin et sa sœur Chisato faisaient la une de nombreux quotidiens et magazines. Les manchettes, provocantes, alléchant le lecteur avec des clichés d'adolescentes floutés, suggéraient que la police n'avait aucune piste pour localiser la jeune adolescente disparue dans cet abyssal trafic.

Avec ses Press Clubs, le TMPD n'était pas en reste et, malgré l'heure tardive, le poste de Shinjuku bourdonnait d'un singulier mélange – pressions fangeuses, excitation d'un prochain dénouement. Donan, prié de calmer les ardeurs des médias tout en résolvant l'enquête, était à cran.

Simmeo restait en retrait, ne lâchant pas Wiki d'une semelle.

Une chaîne télé d'information continue avait mené ses propres investigations et révélé que le père des jumelles n'était autre que l'avocat d'une victime du Studio Oo. Il s'agissait de la première entreprise de JK à avoir été poursuivie au Japon. Depuis cette révélation, les rumeurs allaient bon train.

Le studio Oo, installé à Nagoya dans la préfecture d'Aichi, appartenait à un certain Yumako, en réalité un yakuza des Mayaguchi-gui Kado-kai.

— Une des factions les plus puissantes de la famille concurrente des Santoka... précisa Wiki à Simmeo.

— Décidément...

— Ils sont connus pour faire tourner des salons de massage où ils prostituent des mineures.

Au Studio Oo, les clients regardaient des filles à travers un miroir sans tain et choisissaient celles qu'ils voulaient observer de plus près. Les filles choisies se rapprochaient ensuite du miroir, relevaient leurs jupes et, à quatre pattes, simulaient la masturbation.

Lors du procès, l'avocat défendait une des filles de dix-sept ans exploitée par Oo. Elle avait commencé à y travailler pour financer ses études.

Lors de son procès, le type avait assuré que sa société était un « Club d'excursion scolaire ». Sa peine s'était réduite à peau de chagrin.

— Il n'est pas en prison ?! s'exclama Simmeo.

— Non, justement. Il est sorti la semaine dernière... Ici, il n'y a pas de lourdes peines pour ceux qui enfreignent la loi : ils peuvent voir leurs établissements fermés pendant six mois maximum et ceux qui se font prendre pour la seconde fois risquent au pire un an de prison et quelques milliers d'euros d'amende.

Même si les criminels étaient jugés coupables, les peines restaient extrêmement clémentes... D'un coup, Simmeo comprit mieux la tension qui régnait et l'énergie que déployait Donan pour que cette atmosphère d'impunité change.

L'inspecteur japonais concentrait désormais ses investigations sur ce yakuza, Simmeo aurait fait le même choix.

Dans le car-fourgon de la police scientifique tokyoïte, Donan et ses équipiers étaient sous haute tension, l'ambiance électrique.

Le ravisseur de Gin Kokoro avait fixé un rendez-vous téléphonique à Katsumi, le père éploré. Rompu à la pression, l'avocat semblait décidé à tenir le choc.

Chisato, la sœur jumelle de Gin, faisait les cent pas dans l'espace réduit, tentant sans doute de calmer sa nervosité.

Simmeo et Wiki se faisaient tout petits.

Une responsable du labo ambulant terminait d'expliquer leur installation à Katsumi Kokoro : le téléphone de ce dernier, relié grâce à un logiciel satellite ultraperformant à un clavier et un écran, allait leur servir de drone pour géolocaliser le ravisseur malgré les brouillages.

La dame fit ensuite une démonstration dudit clavier et Chisato cessa ses déambulations. Elle s'approcha pour écouter.

— Ça, c'est le bouton pour répondre aux appels. Le rouge masque toutes les voix : si vous appuyez sur le rouge, nous pouvons l'entendre, mais lui ne le peut pas.

Chisato était pâle.

— On va localiser son appel sans difficulté, lui dit Donan. Ne vous en faites pas, c'est une unité d'élite.

Puis il se tourna vers le père :

— N'oubliez pas, monsieur Kokoro, il est important que vous restiez calme et que vous obéissiez à tout ce qu'il dit.

Le père opina du chef. Remarquant l'heure, il se figea.

— Il ne va pas appeler, bégaya-t-il. Il est en retard.

Donan, très calme malgré la pression, lui tendit un thé.

— Détendez-vous. C'est une stratégie. Il veut que vous soyez à cran.

Le téléphone retentit soudain. Le silence se fit.

— N'oubliez pas de répéter les informations importantes pour lui confirmer que vous l'avez compris, répéta Donan entre deux sonneries. Faites-le parler le plus possible. Qu'il vous donne des informations sur Gin.

— Faites-le parler de lui, ajouta Ochobo, l'équipière de Donan.

Le père décrocha enfin.

— Ici Katsumi Kokoro, assura-t-il en épongeant son front.

— Bonjour, monsieur Kokoro, répondit une voix obséquieuse.

— Êtes-vous celui qui détient ma fille Gin ?

— Ce n'est pas un interrogatoire, gronda le ravisseur dans le combiné. Vous allez vous contenter de suivre mes instructions. Mais ce n'est pas à vous que je vais les donner...

Katsumi Kokoro griffonna sur une feuille un *Oui*, indiquant à Donan qu'il avait reconnu la voix du yakuza dirigeant du studio Oo.

— Je...

— Ce n'est pas à vous que je veux parler, monsieur Kokoro. C'est à sa sœur que je veux parler.

— Je vous demande pardon ??

— C'est à Chisato que je désire parler, répéta le ravisseur.

Le père appuya sur le bouton rouge du combiné, fixant Donan.

— Qu'est-ce qu'il fait ? murmura-t-il.

— Ce que la plupart des ravisseurs essaient de faire : établir sa domination.

— On ne peut pas la laisser lui parler, s'inquiéta soudain M. Kokoro en avisant Chisato.

— Pourquoi ? s'indigna l'adolescente jumelle. Je veux aider. Je vais parler à cette ordure.

Donan, dont les yeux couraient entre la touche rouge clignotante du clavier et l'écran, coupa court :

— Non. Si on commence à céder on ne va plus rien maîtriser.

— Je crois qu'elle devrait lui parler, s'immisça Simmeo.

Soudain, la voix du ravisseur retentit dans le haut-parleur :

— Vous avez compris ce que j'ai dit? Je veux lui parler. Alors passez-la-moi. Immédiatement!

Donan hocha la tête : *Non*.

— Elle devrait lui répondre, insista Simmeo. Plus il parle, plus il s'expose.

Donan ordonna à son équipière Ochobo de se faire passer pour Chisato. La dame acquiesça immédiatement d'un signe de tête, le bouton rouge fut relâché.

— Je suis Chisato, mentit Ochobo dans le micro.

— J'ai Gin à mes côtés, je connais sa voix. Par conséquent je connais celle de sa sœur. Vous n'êtes pas Chisato. Alors passez-la-moi. Je vous donne soixante secondes. Si vous ne me la passez pas, je raccroche et vous n'entendrez plus jamais parler de moi. Ni de Gin...

Le père blêmit, Chisato aussi.

Donan bloqua une nouvelle fois le bouton rouge. Il fulminait. Simmeo prit la relève et s'approcha de Chisato. Wiki traduisit en simultané.

— Ce type est arrogant. Faites-lui savoir qu'il a le contrôle. Laissez-le diriger la conversation. Utilisez le nom de votre sœur...

— Quarante secondes... décompta le ravisseur dans le téléphone.

Simmeo eut le réflexe de vérifier que le bouton rouge clignotait, indiquant que leur interlocuteur ne pouvait l'entendre.

— Dites : « ma sœur Gin » ou « elle s'appelle Gin ».

— Trente...

— D'accord, répondit Chisato, concentrée.

— Soyez d'accord avec lui. Dites-lui que vous le comprenez... Compatissez... Dites-lui que vous savez qu'il ne voulait pas faire de mal à Gin, aller aussi loin. Dites-lui que les choses peuvent s'arranger.

— D'accord.

— Il a encore une chance de nous montrer qu'il est quelqu'un d'indulgent en libérant votre sœur.

— Dix...

— ... Et si vous ne savez pas quoi dire, je vous guiderai...

Afin de signifier à Donan qu'il n'avait plus rien à ajouter, Simmeo lui envoya un signe de tête. Donan lui sourit, puis débloqua le bouton rouge.

— C'est Chisato... prononça l'adolescente avec une voix posée.

— Bonjour, Chisato, dit le ravisseur d'une voix douce. Comment allez-vous ?

— ... J'irais beaucoup mieux, si je savais que ma sœur... que Gin... va bien...

— Quelle est votre couleur préférée ?

Donan appuie sur le bouton rouge.

— Ne répondez pas ! ordonna-t-il à Chisato. Concentrez-vous sur Gin.

Il enclencha de nouveau le micro.

— J'aime le rose... désobéit Chisato, sans un regard pour Donan.

Ce dernier, atterré, leva les yeux au ciel. Simmeo encouragea du regard l'adolescente, il trouvait qu'elle avait du cran, une qualité de plus en plus rare par les temps qui couraient.

— Comme c'est *kawaï*... se moqua le ravisseur.

— Gin préfère le rouge, répondit Chisato sans flancher.

— Moi aussi...

— S'il vous plaît, laissez-moi parler à ma sœur...

Le ravisseur resta silencieux. On entendit un bruit dans le haut-parleur.

— Tout ce que je veux, c'est entendre sa voix... insista Chisato. S'il vous plaît...

— Chisa ? demanda soudain une voix endormie dans le micro.

Gin. L'enfoiré l'avait apparemment droguée.

— Gin... Je suis là. Est-ce que ça va ?

— Chisa... Je ne veux pas...

Combien de temps tiendrait-elle ? Une certaine frénésie agitait les techniciens du fourgon et Simmeo déduisit qu'ils étaient proches de localiser le ravisseur.

Simmeo soutint Chisato, l'invitant de la tête à continuer.

— Gin, ça va aller... Dis-moi ce que tu vois.

— Je vois la lune...

Le ravisseur reprit la parole :

— Je veux 500 millions de yens, déclara froidement le yakuza ravisseur. C'est la somme que vous m'avez fait perdre en me condamnant à fermer mon studio.

— Gin ! Gin ! hurla désespérément Chisato.

— Vous allez attendre mon appel. Vous recevrez des instructions. Dans exactement quinze minutes, dit l'homme avant de raccrocher précipitamment.

Trop tard. La technologie l'avait démasqué.

Il était cuit.

CONCENTRATION

DANS LE SILENCE
BATTU PAR LE MÉTRONOME DE DEUX RESPIRATIONS

QUATRE MAINS FONT GICLER L'EAU, MOUSSER LE SAVON.
PÈRE ET FILLE SE TRANSFORMENT EN CHIRURGIENS,
ELIOTT EN HISHAKU.
SUZANNE EN HIBIKI

S'ACCORDENT
SERRENT LEURS MANCHES, GANTENT LEURS DOIGTS.

HUMILITÉ

PRESQUE UN RECUEILLEMENT ENTRE LES CUISINIERS.
LA PROIE IMMOBILE
SUR LE PLAN DE TRAVAIL FROID,

CORPS LUISANT, ŒIL GLUANT,
LE POISSON-LUNE ATTEND LES TROIS COUTEAUX.

MAÎTRISE DU GESTE

LA POIGNE D'HIBIKI SUR LE DOS,
IL SE FAIT ARRACHER LE MUSEAU,
SES LÈVRES SONT ÉCARTÉES, VONT BRILLER SUR UN PLATEAU.

UN AUTRE ACCUEILLE LES NAGEOIRES :
DORSALE, LATÉRALES, FUTURS AMUSE-GUEULES GRILLÉS.

RÉPÉTITION

LA LAME D'HISHAKU LÈVE LA PEAU, DEPUIS LA TÊTE JUSQU'À LA QUEUE,
D'UN CÔTÉ PUIS DE L'AUTRE.

HIBIKI EXTRAIT LES YEUX,
DÉLICATEMENT LE DROIT
DÉLICATEMENT LE GAUCHE.

PRÉCISION

HIBIKI POURSUIT LE BALLET SUR LA POINTE
DE SON COUTEAU.
SUSPENDU SUR LA BÊTE, LE MIROIR D'ACIER REFLÈTE LA TÊTE TROUÉE DE L'ANIMAL ÉNUCLÉÉ.

SA MAIN NE TREMBLE PAS

QUAND LE BOUT DE SES DOIGTS SAISIT LES ORGANES AVEC PRÉCAUTION TELLES

DES BAGUETTES SERRANT UN ŒUF DE LOMPE,

SANS L'ÉCLATER.

LES YEUX DU POISSON SUR LEUR PLATEAU SEMBLENT REGARDER LES CHIRURGIENS ÉCARTELER SON CADAVRE

RETIRER LA POCHE DE BILE

CONTINUER LA DÉCOUPE, UN TRAIT DE LAME APRÈS L'AUTRE.

LA TÊTE POUR LE BOUILLON, LES FILETS POUR LE SASHIMI,

DANS UNE COMMUNION SOLENNELLE

ET LE RESPECT DE LA CHAIR QUI VA LES NOURRIR.

HIBIKI ET HISHAKU SENTENT SUR EUX

LE REGARD DE LA MORT

ET SECOUENT DE LEURS ÉPAULES LE POIDS DE L'ABSENCE

D'AKIKO.

Une ruelle de Golden Gai, dans la zone est de Tokyo, à proximité de Kabukicho, en plein cœur de Shinjuku, à deux pas du bureau de Donan. Un bout de quartier plutôt tranquille fréquenté par les noctambules et sa faune des comptoirs. Des touristes occidentaux, en file indienne sur la chaussée. Le bar était minuscule, idéal pour retrouver l'ambiance des vieux films de l'après-guerre, au temps de l'occupation américaine. Donan était parti commander une autre tournée.

— Sommet brûlant?!

C'était la traduction de *Santoka*. La signification s'inscrivit dans la mémoire du policier français à la façon d'un mot de passe. Wiki s'esclaffa, confirmant d'un hochement de tête.

La nuit était particulièrement douce.

Il avait fallu peu de temps pour libérer Gin et coffrer son ravisseur. La suite de la procédure ayant été confiée au service central du TMPD, Donan avait proposé à Wiki et Simmeo de prendre un verre. Après avoir hésité – il devait rentrer écrire son article sur cette affaire hors normes –, Wiki avait finalement accepté.

— Un seul, avait-il annoncé avant d'entrer dans la gargote. Parce que vous avez besoin de moi.

Sans Wiki, c'était évident que la conversation entre Donan et Simmeo aurait tourné court.

Ils en étaient à leur deuxième verre. Le vin était chaud comme la peau.

Il n'y avait pas foule dans l'étroite caverne. Surtout des hommes seuls, des clients réguliers, quelques visiteurs fortuits, des négociants en tournée à Tokyo, des figurants de la vie dont les histoires s'entrecroisaient, tissant la banalité des nuits.

Le voisin de Simmeo entama une partie de go avec un client au physique ténébreux, des cheveux gris. La cartographie de ses rides restait indéchiffrable. C'était un ancien brasseur de saké ruiné par l'incurie de ses associés, Wiki enregistrait des bribes de conversation.

Simmeo était intrigué par l'allure européenne d'une femme qui venait de s'installer à sa droite. Il avait eu l'impression de reconnaître un accent français lorsqu'elle s'était exprimée.

Assise de guingois sur un haut tabouret, sa longue tête dodelinait en battant la mesure et en contemplant les reflets transparents ou dorés des collections de bouteilles de saké, vodka, whisky et vermouth alignées sur l'étagère de l'estaminet.

Elle s'appelait Anaé. Ce n'était pas son vrai prénom, peu importe, il lui allait bien. Elle portait une jupe noire, une veste en jean cintrée par-dessus un chemisier blanc et des bottes en cuir noir qui montaient jusqu'aux genoux. Des collants opaques flattaient sa silhouette. Elle avait de l'allure, le policier devait bien le reconnaître. Elle portait une queue-de-cheval, du rouge à lèvres carmin pour seul maquillage, et une galante sur le côté gauche lui conférait une allure aristocratique.

Ils parlèrent de choses et d'autres en buvant leur saké, puis Anaé raconta son histoire.

Anaé était arrivée de Paris en 2012. Elle avait commencé par donner des cours de français à Berlitz, tout en travaillant certains soirs comme hôtesse dans un bar du coin. Un soir après les cours, elle était sortie boire un verre avec l'un de ses étudiants, un homme d'affaires d'une cinquantaine d'années. Ils avaient fini au lit dans une chambre d'hôtel. Après leurs ébats, l'homme avait déposé un billet de dix mille yens. Anaé s'était surprise à ne ressentir aucune honte.

La voix d'Anaé était claire et, en effet, dénuée d'affect.

— Et puis j'ai trouvé une place dans un gentlemen's club appelé La Tour des Plaisirs et mon revenu régulier a enflé... J'ai mes clients privés, mais pendant la journée j'officie dans les établissements ouverts à tous.

Le policier opinait du chef.

— En fait, reconnut Simmeo, je croyais que toute cette histoire d'esclavage sexuel était un mythe inventé par des bureaucrates occidentaux et puritains qui ne comprenaient rien à la culture du sexe au Japon.

— J'ai choisi d'être prostituée. J'aime le sexe. Et je gagne bien mieux ma vie qu'en étant prof de français. Je n'ai pas de problème, avec ce que je fais. Ce qui me pose problème c'est que l'on force des femmes à devenir des prostituées. J'ai un problème avec les connards qui leur font faire ça.

— Ça tombe bien, moi aussi, coupa Donan.

L'inspecteur était arrivé, chargé d'une nouvelle bouteille de saké.

Simmeo les observait, se demandant s'ils se connaissaient et jouaient la comédie. Après avoir passé un certain nombre d'années comme flic à la PJ de Paris, il avait fini par s'endurcir. C'était naturel : il ne pouvait pas porter le deuil de chaque victime ou partager la douleur de leur famille. *Ou alors, vous devenez taré*.

Simmeo se laissa bercer. Il savourait cet instant. Wiki se leva brusquement. Cette fois, il fallait qu'il rentre écrire l'article sur le dénouement de l'enlèvement de Gin, l'arrestation du yakuza spécialiste du JK. Son boss attendait un récit concernant les coulisses de l'enquête de Donan. Simmeo le salua en le rassurant : lui prendrait un taxi, pour l'heure, il souhaitait encore profiter de l'ambiance.

Anaé prit congé à son tour, son beau regard attaché à une silhouette masculine au bar, souriant aux policiers mais l'esprit déjà occupé ailleurs.

À peine Wiki eut-il quitté les lieux que Donan leva son verre en fixant Simmeo.

— Alors mon commandant, on profite de la nuit car tous les chats sont gris ?...

Simmeo, abasourdi, écarquilla les yeux : ainsi, Donan parlait parfaitement le français ! Content de son effet, l'inspecteur lui envoya un clin d'œil en attrapant sa veste.

— Suis-moi, je vais te montrer le Tokyo underground. Crois-moi, ça va changer de la vue sur le Rainbow Bridge de ton hôtel de bourge.

À 26 heures – cela amusait Simmeo, cette façon qu'ils avaient de compter le temps ici : à Tokyo, il n'était pas 2 heures du matin mais plus souvent minuit passé de deux heures, ou 24 heures + 2 heures, soit 26 –, Simmeo et Donan entrèrent dans le Kamiya Bar.

— C'est *le* bar historique du quartier Asakusa depuis 1880, le prévint Donan.

Simmeo le laissa commander deux *denki bran* ou « brandy électrique », cocktail original à base de brandy dont la recette était tenue secrète depuis cent ans.

— Pourquoi *électrique* ?

— À l'ouverture du bar, l'électricité était une nouveauté dans la capitale.

Parfois, rien ne servait de chercher midi à 14 heures.

Ils dégustèrent des kaminari okoshi traditionnels – riz soufflé croustillant aromatisé – en devisant sur les pistes à explorer pour coincer le chef Eliott

Principal. Quand Simmeo évoqua les plantes à traire, il lut dans l'œil de son homologue le même intérêt et la même surprise que ceux qu'il avait lui-même ressentis. L'intelligence et la créativité humaines ne l'avaient jamais déçu, surtout quand elles se mettaient au service du crime.

À 3 heures, alors qu'ils étaient passablement ivres mais encore parfaitement lucides, la conversation avait glissé sur des sujets plus personnels. L'alcool – whisky cette fois – grisait les confidences.

— Je ne vis plus qu'à moitié depuis la mort de Chloé, expliqua-t-il sans avouer qu'il n'avait pas envie de rentrer à Paris.

Simmeo parla de leur appartement avec vue sur la Seine quai des Grands-Augustins, le Pont-Neuf sur la gauche, Notre-Dame sur la droite.

— Là où ont eu lieu les attentats de 1995, c'est ça ? le coupa Donan.

Scotché par la mémoire de l'inspecteur japonais, Simmeo vida un nouveau verre.

— Exactement ! Tu t'en souviens ?!

À son tour, Donan vida le sien.

— J'ai suivi le travail de la police française. Martine Monteil... Remarquable.

Simmeo n'allait pas le contrarier : déjà à la Crime à cette époque, il avait participé à l'enquête.

— Et donc tu habites quai des Grands-Augustins ? siffla Donan, admiratif.

Simmeo confirma. Il se souvenait du jour où ils avaient visité cet appartement, du coup de cœur qu'ils avaient eu, de la certitude qu'ils seraient heureux dans cet endroit.

— Ça manquait de lumière, elle s'était préparée à mon objection et avait déjà tout prévu : « Il suffirait de tout repeindre avec des couleurs puissantes et, avec des boiseries claires, nous ferons entrer le soleil à l'intérieur. »

Chloé avait le don de voir des potentialités lumineuses parmi les ombres les plus tenaces. Donan sourit : sa femme était pareille.

— Alors tu as fait quoi ?

Achille s'était exécuté, engageant des ouvriers pour qu'ils changent le parquet et le mobilier en chêne foncé par de l'érable ou du merisier.

— J'ai peint les murs en jaune, ce qui fait qu'il y a sans cesse la luminosité d'un soleil de plomb.

Donan fronça le front.

— Ici, au Japon, c'est la couleur de l'amour perdu...

Nouveau verre. Whisky sec en doses de plus en plus substantielles.

— Nous sommes restés six ans dans cet endroit.

À la mort de Chloé, il avait envisagé de déménager, mais pour aller où ?

Au moins, dans leur appartement, il avait ses petites habitudes, le territoire était connu, l'ennui familier. Il emplissait le silence du bruit d'émissions de radio sur la vie sauvage, les voyages, la culture. Sans elle, les matinées pouvaient s'écouler sans qu'il bouge de son canapé.

À 4 heures, ils sortirent prendre l'air sur les bords de la Sumida. Les températures clémentes, le flot qui roulait des eaux ocre au clair de lune, tout était parfait. Ils passèrent devant un bateau-bus totalement futuriste baptisé Himiko. Fasciné, Simmeo le prit en photo.

— Matsumoto Leiji, expliqua Donan.

Simmeo ne connaissait pas.

— *Albator*, ça ne te dit rien ?

Si, forcément.

— C'est son créateur.

Les chants des cigales se mêlaient aux coassements des grenouilles. En quelques minutes, la promenade maritime permettait d'appréhender l'architecture des nouveaux quartiers technologiques d'Odaiba, apposée à celle des anciennes baraques d'Asakusa. Les ponts coloraient le décor : Azuma, rouge ; Kamagata, bleu ; Umaya, vert.

La Tokyo Sky Tree se dressait.

Simmeo comprit pourquoi Eliott Principal, en tant qu'architecte, était tombé sous le charme de cette ville et avait eu envie de contribuer à l'ériger.

Plus loin, l'odeur de l'ancien port persistait et, en écoutant les clapotis de l'eau s'écraser contre les péniches, Simmeo songea à Calanques puis à Erwan Leguennec. Il n'eut pas le temps de se plonger dans ses états d'âme confus, ils étaient à Tsukiji. Donan lui proposa de s'y engouffrer, il connaissait le gardien. Simmeo n'allait pas rater l'occasion de tutoyer le plus grand marché aux poissons du monde – plus de quatre cents espèces différentes sur vingt-trois hectares – et sa vente aux enchères de thons. Il accepta immédiatement avec le sentiment de célébrer un art de vivre. Tsukiji dictait ses règles aux visiteurs : seuls les cent vingt premiers pouvaient assister à la vente aux enchères des thons, en restant discrets. Vendeurs et chariots avaient la priorité, il était impératif de ne pas perturber leur travail, c'est pourquoi Donan et Simmeo se talonnaient mais ne marchaient pas côte à côte.

Des vendeurs déchargeaient la cargaison des navires et des camions.

Tsukiji, littéralement « terrain regagné sur la mer », obligeait bon an mal an poissonniers, restaurateurs et touristes intrigués à se côtoyer. Simmeo prenait discrètement quelques photos malgré les interdictions largement répétées. Donan connaissait tout le monde.

À 5 h 30, commença la fameuse vente.

— Quarante mille pièces s'y négocient, murmura Donan. Une toutes les trois secondes.

Simmeo opina du chef, concentré sur ce qui se déroulait. Pour bien connaître le principe des enchères, il savait que tout allait très vite et ne voulait rien rater du spectacle. Des acheteurs professionnels touchaient les thons, d'autres semblaient les soupeser d'un seul coup d'œil. Les vendeurs se déplaçaient entre les poissons, alignés sur des centaines de palettes en bois.

L'animal était saigné et le sang goûté, lançant les mises.

Incroyable...

Une demi-heure plus tard, la criée se termina. Avec le soleil qui se levait, la brise matinale qui soufflait, la nuit blanche s'écartait et Donan déplaça leur centre de gravité dans les allées avoisinantes : échoppes de légumes, d'ingrédients spécialisés, *sushiya* (restaurants de sushis).

Donan indiqua à Simmeo un comptoir qui ne payait pas de mine, mais devant lequel la file des clients était déjà longue.

Plaisir olfactif et visuel devant les filets en train de sécher à l'air libre avant d'être grillés. Donan pointa des ailerons :

— Du fugu, ça te dit ?

Tout un symbole... Le poisson jouissait dans le monde entier d'une immense popularité. Simmeo accepta, il pourrait se targuer d'en avoir mangé.

— Personnellement, c'est en *nabé* que je le préfère. Une sorte de pot-au-feu. Les légumes et le poisson mijotent dans un délicieux bouillon. La texture se rapproche de celle de la lotte, légèrement plus ferme.

Impressionné, Simmeo n'osa pas refuser. Donan s'adressa au vendeur, passa la commande. Le type transperça les filets avec deux brochettes, les trempa dans une sauce avant de les placer sur un feu.

En amuse-bouche, Donan fit goûter à Simmeo des œufs de fugu. Simmeo hésita.

— Ils ne contiennent pas le poison ? demanda-t-il en mimant une grimace.

Donan se marra.

— Ne t'inquiète pas, commandant. Quand ils ont été salés et réservés pendant trois ans, ils perdent leur toxicité.

Rassuré, Simmeo se laissa porter par sa curiosité et sa gourmandise. Il eut une pensée pour Yuki Takanori, se souvenant du sourire d'extase qui avait déformé son visage amaigri lorsqu'elle avait évoqué son dernier repas, à L'échoppe qui danse toute seule.

Une fois grillées, le serveur tendit à Simmeo et Donan les brochettes avec un verre de saké.

Donan raconta à Simmeo l'apprentissage long et austère pour devenir Maître sushi : les premières années étaient dédiées au nettoyage et à l'affûtage des couteaux. Venait ensuite l'enseignement de la préparation des filets.

— Chaque poisson doit être levé selon un certain rituel.

Donan fut un moment absorbé par la conversation de leurs voisins, des pêcheurs. Depuis plusieurs années, un projet de déplacement du site était à l'étude mais sans cesse repoussé. Apparemment, il y avait les *pour* et les *contre*. Ce grand déménagement rappela à Simmeo le futur du 36, quai des Orfèvres et les polémiques qui l'avaient plusieurs fois retardé. *Le monde entier s'agrandissait.*

Tsukiji est un vivant en sursis. Exactement comme moi, se dit Simmeo en découvrant un message sur son portable : le chef Eliott Principal leur demandait de venir au restaurant. *Vite,* précisait le cuisinier.

L'aube n'était pas levée depuis longtemps, un voile de givre nappait la devanture du restaurant. À l'intérieur, il faisait doux. Eliott Principal se tenait assis face à la grande table de l'immense cuisine et, lorsque Simmeo et Donan firent irruption, ils eurent de concert un mouvement de recul qui les dégrisa sur-le-champ : à ses pieds, trois énormes porcs dormaient devant la cheminée, repus. Leurs groins, barbouillés de sang et de restes humains, suintaient l'horrible évidence. Le plus inquiétant était le visage parfaitement détendu du chef. Il frôlait l'extase, comme s'il se trouvait sous l'emprise d'une quelconque drogue. Simmeo se figea, craignant de trop bien comprendre. Dans sa folie, le chef aurait tué sa fille avant de la distribuer aux cochons. Lorsque la vibration d'un téléphone retentit, provenant de l'estomac d'un des animaux, Simmeo sentit que ses jambes se dérobaient et il dut se tenir au mur pour ne pas céder aux frissons de la culpabilité qui l'assaillaient : la veille au soir, il s'était entretenu avec le chef, lui avait confié ses soupçons. Le cuisinier lui avait ri au nez et voilà que désormais Suzanne était morte à son tour.

Une succession de négligences personnelles.

— Papa, j'ai besoin de toi !

Achille pivota, blême. Il avait reconnu cette voix. Suzanne Principal.

Donan et Simmeo échangèrent un regard entendu : qui les porcs avaient-ils avalé ?

La fille rejoignit son père et s'assit à ses côtés.

— Depuis des années, je marche pour ne pas mourir. Ma mémoire est mon seul fardeau, commença le chef en posant sa main sur celle de Suzanne.

Donan tira une chaise et prit place, face aux Principal. Simmeo fit de même.

— Vous voulez soulager votre mémoire ou votre conscience? demanda le commandant en posant devant lui carnet et stylo.

Le chef sortit à son tour un cahier et un feutre.

— Bon, fit Donan. Commençons par le commencement. Où est Sanzo?

— Pris à son propre piège, inspecteur.

Donan sortit une paire de menottes sans un mot.

— Ma femme voulait m'affranchir des codes préexistants et ajouter une dimension, celle du plaisir, commença le chef en tendant ses poignets.

Simmeo posa sa main sur l'avant-bras de Donan, lui signifiant de ne pas entraver le chef. Le policier français avait constaté lors des interrogatoires qu'il avait menés que, sans menottes, les aveux étaient plus francs.

Alors le chef vida son sac.

Il expliqua leur rencontre, la texture et les émulsions de cet amour.

Montra dans son carnet les dessins, les croquis, les recettes que ses émotions lui avaient inspirés toute sa vie durant.

Architecte des saveurs.

Géographe des malheurs, des bonheurs.

La naissance d'Hibiki.

La mort de la mère d'Akiko.

Le fugu mortel pour des convives de son beau-père, des yakuzas.

— Il m'a tatamisé, expliqua-t-il.

— *Tatamisé ?* répéta Simmeo en faisant une moue d'incompréhension.

— C'est quand, à force de côtoyer des yakuzas, vous pensez que vous en êtes devenu un et qu'un jour vous comprenez que vous avez été berné, coupa Donan.

Eliott Principal opina du chef.

Il relata la guerre des clans mafiosi, la cruauté de l'Oyabun, ses trafics en tout genre.

L'enlèvement d'Akiko.

Son évasion.

Sa mort, dans les bras d'Eliott.

Il confia avoir enseveli son corps.

Dans le jardin,
Sous le cerisier,
En pleine nuit.

Paris, 1976

Après six heures et demie passées dans un train pour rallier Toyama, voyage suivi d'un peu moins de quatre heures dans un bus bondé jusqu'à la gare de Fushiki, minuscule ville à deux cents kilomètres au nord de Nagoya, puis d'une marche jusqu'au port, Eliott Principal et sa fillette embarquèrent à bord du ferry jusqu'à Vladivostok sous une fausse identité.

Là, en prenant place à bord du transsibérien, le jeune papa eut le sentiment que le retour s'amorçait enfin.

Puis s'ensuivit un long voyage de deux semaines à travers la Russie – neuf mille trois cents kilomètres, près de mille gares –, avant de finir à Moscou où il sauta dans un train couchette bien moins prestigieux : un ultime périple d'une quarantaine d'heures *via* Berlin.

L'enfant, que cette aventure avait réjouie, bouillait d'impatience.

Une bouffée d'excitation gagna son père quand il posa le pied sur le quai. Il faisait beau, encore chaud et une importante activité régnait aux abords de la gare de l'Est.

Il descendit le boulevard Magenta, rejoignit Sébastopol. Sa fille, éblouie par les bâtiments haussmanniens, marchait le nez en l'air.

Ils arrivèrent place du Châtelet, bifurquèrent sur les bords de Seine.

Sur l'île Saint-Louis, il songea à s'asseoir sur une terrasse et prendre un verre, puis renonça devant les prix indiqués. Il préféra offrir une boule de glace à son enfant. Son portefeuille ne contenait qu'un billet de cinquante francs et il ignorait jusqu'à quand il allait devoir tenir avec si peu – le pactole était au fond de sa valise, il ne se voyait pas l'ouvrir au milieu de la rue –, aussi poursuivit-il son chemin jusqu'à Notre-Dame.

Ils s'assirent sur un banc dans le square derrière la cathédrale. *C'est quand même pas dégueu, Paris...*

Il se surprit à sourire comme il n'avait plus souri depuis belle lurette. La fillette avait terminé sa glace à la fraise, ses babines empourprées par le fruit brillaient comme un saphir. Eliott la serra contre lui, elle sentait le jasmin.

— Je m'appelais Hishaku Shomon, bredouilla Eliott principal alors que Donan le menottait.

Lui, le grand chef étoilé et célébré dans le monde entier, lui qui prônait la cuisine comme remède contre la violence, venait de reconnaître les meurtres de cinq yakuzas.

— Ils ont anéanti ma vie à petit feu.

— Et la mienne... ajouta Suzanne d'une voix blanche.

Donan, satisfait, avait rameuté ses équipiers qui n'allaient plus tarder. Le chef demanda un dernier café, l'inspecteur autorisa Suzanne à le préparer, précisant que lui aussi en prendrait.

Le chef avait avoué, mais restait impassible. Même le calme de Suzanne surprenait Simmeo.

Soudain, un cri provenant des cuisines déchira l'air. Simmeo se précipita. Suzanne sortit à reculons, portant un plat vide.

— Papa ! Papa !

Elle courut vers son père et le serra contre elle.

— Non ! Non ! supplia-t-elle.

Simmeo tenta de s'interposer, les effusions étaient à redouter lors des arrestations. Il eut le temps de relever Suzanne, qui fixait d'un regard horrifié le visage de son père.

En découvrant le sourire béat du cuisinier, Simmeo reconnut l'expression qui avait fendu le visage de Yuki Takanori à son dernier souffle. Un sourire d'extase et d'espoir. Un mélange de plaisir et de paix intérieure qui l'irradia.

— Vous vous êtes envolé, déclama le cuisinier soudain en transe. Vous êtes aussi léger qu'une feuille dans le vent et vous tourbillonnez au milieu des nuages qui s'effilochent.

Suzanne sanglotait doucement. Telle une fillette, elle posa son visage sur les genoux de son père et se laissa bercer par ses sursauts. Il frémit, ferma les yeux.

— Parce que même si vos lèvres sont devenues bleues, vous êtes en train de flotter dans un brouillard du point du jour.

Suzanne, hébétée, garda longtemps cette position, telle une danseuse à l'échauffement.

La confusion s'empara de Simmeo.

Donan, parti en cuisine comprendre ce qu'y avait découvert Suzanne, revint précipitamment.

— Enfoiré ! hurla-t-il en se ruant sur le chef.

Eliott sourit. Sa respiration n'était déjà plus qu'une brise.

— La nuit arrive à grands battements... Ne laissez pas vos ennemis s'unir, dit le chef en élargissant un peu plus son sourire.

Donan, qui avait déjà dégainé son téléphone, ne quittait pas des yeux le cuisinier.

— Il a mangé les yeux du fugu...

Il nous a tous tatamisés, se dit Simmeo. Eliott Principal avait reconnu ses crimes mais ne serait jamais jugé pour avoir intoxiqué ceux qui avaient empoisonné son destin. Jusqu'au bout, il était resté maître de sa destinée, yakuza de son territoire secret.

Simmeo se demanda comment allait s'en sortir Suzanne au milieu d'un tel foutoir moral. Elle était totalement prostrée et Simmeo s'approcha d'elle. Comment, dans pareil tourbillon, reconnaître et estimer son héritage? C'était peut-être ça, le chagrin du survivant.

Achille jouait machinalement avec les miettes sur la nappe. Il avait bu un peu de vin pour l'occasion, rêvassait en écoutant le bourdonnement qui régnait dans l'aéroport.

La disparition du chef Eliott Principal avait confirmé sa culpabilité : l'homme, en samouraï de la gastronomie, s'était fait *seppuku* à sa manière, son dernier festin avait été son sabre. Le panache du geste avait suscité l'admiration de nombreux fans. Eliott Principal/Hishaku Shomon était retourné à la terre. Sa cuisine, quant à elle, restait bien vivante et toujours honorée, sinon honorable.

Simmeo se leva et flâna dans l'aéroport. Il portait un petit tableau soigneusement enveloppé. Il s'agissait de l'original de L'échoppe qui danse toute seule. L'Oyabun le lui avait offert en remerciement d'avoir découvert la vérité. Grâce aux aveux d'Eliott Principal, le parrain du Santoka Gumi avait retrouvé sa petite-fille Hibiki et, enfin, pu faire le deuil de sa fille Akiko.

En passant devant une bagagerie de luxe, il acheta un grand modèle du sac de la collection Héritage de Longchamp dans lequel il rangea le cadeau du yakuza.

Il y avait mille façons de rendre hommage aux morts. Quand le corps restait introuvable, difficile d'apporter des fleurs sur une tombe qui n'existait pas.

Simmeo s'était aperçu que le vieux yakuza lui était devenu presque sympathique. Achille n'avait pourtant aucune tendresse pour les criminels, surtout ceux qui assassinaient par procuration, d'un ordre lâché froidement à leurs petites mains, tandis que les leurs restaient propres. Mais Santoka avait réussi à l'étonner par sa lucidité et une soudaine crudité honnête. Le yakuza lui avait expliqué qu'il était parvenu à se convaincre qu'une version expurgée de sa vie était nécessaire pour la supporter. Il ne s'était jamais attardé sur les erreurs qu'il avait commises, modifiait les détails qui ne lui plaisent pas, minimisait ou effaçait complètement des années entières au gré de ses humeurs ou de ses interlocuteurs.

Aujourd'hui, les années s'écoulaient l'une après l'autre, comme un trop lent goutte-à-goutte. Quand il observait son passé à la loupe, fiction et réalité s'enchevêtraient comme un rosier grimpant sur un treillis pourrissant.

Simmeo n'avait pas envie de rentrer à Paris tant il se sentait en paix à Tokyo, sa nouvelle patrie. La ville avait ciselé ses sens. Il s'assit devant les écrans géants qui diffusaient en boucle les informations nationales.

Soudain, un flash indiqua que plusieurs morts naturelles étaient à déplorer chez les yakuzas de diverses familles mafieuses. Simmeo plissa les yeux, certain d'avoir reconnu, parmi les photos, celui qui, au musée du Samouraï puis chez l'Oyabun, accompagnait Sanzo Okanabe.

Donan, qui en savait long sur le Santoka Gumi, avait informé Simmeo que le bonhomme était le frère de Benkei Urimano.

Benkei Urimano... dont le cadavre s'était retrouvé dans le bureau de l'ambassade.

Habituellement, Simmeo se contentait d'enregistrer un plan des lieux sans jamais prendre la moindre note – ce qui horripilait ses supérieurs, Pralin en particulier.

Cette fois, lorsqu'il s'était attardé dans le jardin du restaurant tokyoïte d'Eliott Principal et de Suzanne, il avait remarqué que le terrain du fond semblait abandonné, or il ne l'était pas : Achille avait vu un client s'y engouffrer et disparaître.

Les anciens plans du site indiquaient la présence d'un puits. Les relevés, réalisés il y avait plus de dix ans, signalaient qu'il avait été bouché. Sauf qu'il avait été rouvert.

Le yakuza du Santoka Gumi avait suivi la galerie qui ralliait un bouge par l'arrière-cuisine de l'ambassade : depuis un tunnel pratiqué dans un puits situé sur la propriété voisine du restaurant, on accédait au bouge en question. Magma avait largement profité du système et de la situation – le bouge en question recélait une salle de jeu, une autre de combat de chiens et trois salons érotiques – et son interrogatoire avait permis de déceler l'anomalie : un escalier courait le long de la paroi, desservant l'entrée d'un souterrain.

Ce stratagème avait berné ses collègues et leurs chiens, mais pas Achille. Il avait pu bénéficier de l'œil neuf du touriste, toujours à cet instant fixé sur les écrans d'information.

Il se leva d'un bond, saisit son téléphone puis, savourant la légère griserie d'une évidence en train de se mettre en place, héla un taxi.

Une fois à l'intérieur, il appela Donan.

— Je te croyais parti, dit l'inspecteur en décrochant. Tu as changé d'avis ? Tu restes ?

— Oui, acquiesça Simmeo. Tu peux mettre de l'eau à chauffer, je crois que je vais en effet rester encore un peu.

— Pourquoi ?

— Parce qu'on s'est planté, Donan. Le meurtrier n'a jamais été Eliott Principal. Il vient de tuer trois autres yakuzas.

Silence à l'autre bout du fil.

— Alors qui ? lâcha finalement l'inspecteur.

Achille pensa aux recettes d'Eliott. Il se rappela quelque chose qu'avait dit Suzanne – que la disparition de sa mère avait anéanti sa vie autant que celle de son père. Et soudain, tout s'éclaira. Il comprenait.

Il savait à présent pourquoi quelque chose lui semblait clocher, depuis le début. Et il savait pourquoi Eliott avait endossé les crimes. Il relut les quelques mots griffonnés au sujet de Suzanne Principal sur son carnet le soir du dîner de l'ambassade. En rentrant à l'hôtel, il avait écrit trois adjectifs pour définir la jeune Eurasienne : impé*tueuse*, volup*tueuse*, tumul*tueuse*.

Il n'y avait rien de plus insaisissable qu'une évidence.

— C'est vous... Votre père était incapable de faire ce que vous faites.

Suzanne Principal – ou Hibiki, son écho japonais – terminait de mixer des fleurs de cerisier séchées avec la chair de ses fruits juteuse. *MAKE FOOD NOT WAR* plastronnait sur son tee-shirt, siglé en rouge sang – pareil à son œil. Simmeo devait bien reconnaître que cette femme ne manquait pas d'humour.

Elle réagit à peine, son beau visage lisse s'inclinant légèrement, plus intéressée qu'inquiète.

— Que voulez-vous dire, monsieur Simmeo ?

— *Ce qui compte le plus en cuisine, c'est l'observation et la détermination*, énonça Simmeo. J'ai lu cette phrase dans un article sur votre père. C'est exactement la même chose pour un policier.

Si l'enquête de Simmeo avait permis d'apporter une réponse à toutes les questions d'usage – mobile du crime, mode opératoire –, un mystère perdurait : les plantes à traire. À Paris, les perquisitions de l'appartement d'Eliott Principal et de son Échoppe qui danse toute seule menées en parallèle par ses équipiers n'avaient rien donné.

La mort *naturelle* de trois nouveaux yakuzas sur le sol tokyoïte après la mort du chef était le signe qu'il n'était peut-être pas coupable des crimes culinaires passés – et certainement pas des futurs.

L'appartement d'Hibiki débordait de plantes vertes. Le policier remarqua une jardinière couverte d'ifs miniatures. Le paclitaxel. Une seule goutte d'essence terpénique et camphré suffisait pour que le fruit défendu devienne audacieux, les molécules mortelles.

Il n'avait aucun moyen légal de perquisitionner et devait donc user de psychologie afin d'amener Hibiki à se confesser.

— Vous ne vous souvenez de rien ?

Simmeo posa la question sachant que le problème, avec les souvenirs, était qu'avec le temps ils devenaient tous bons. Il utilisait une méthode que Calanques lui avait apprise : la technique de l'entretien cognitif.

Il s'agissait de ramener un suspect ou un témoin à ses sensations au moment où les faits s'étaient produits afin d'ouvrir les vannes de l'esprit et, ainsi, laisser affluer les souvenirs.

— Me souvenir de quoi ? demanda Hibiki dont le sourire s'évanouit.

Simmeo sentait qu'il avait vu juste.

— J'ai du mal à croire votre passé sans nuage. Personne ne peut cuisiner comme vous le faites sans avoir vécu quelque drame. Je suis moi-même probablement devenu policier pour prendre une obscure revanche sur l'abandon de mes parents biologiques, qui, comble d'ironie, m'ont confié à une famille de mafieux. Quelle enfant étiez-vous ? Parce que ça vient toujours de là et que ça ne change jamais. Vous souvenez-vous de votre mère, Hibiki-san ? Vous souvenez vous d'Akiko ?

Hibiki prit une profonde inspiration. Une ombre glissa sur son visage. Et puis la vérité surgit, violente comme une avalanche.

1976

ELLE LUI ARRACHE LE SABRE, COURT JUSQU'À LA BERLINE.

LE TYPE À L'OREILLE COUPÉE TENTE DE S'INTERPOSER, MAIS, VOYANT LA LAME, RECULE.

ELLE SAUTE DANS LA VOITURE, DÉMARRE EN TROMBE PUIS DISPARAÎT APRÈS LE PREMIER VIRAGE.

LES LARMES COULENT DE SES YEUX.

HIBIKI, HISHAKU.

LE SANG COULE DE SON POIGNET.

HISHAKU, HIBIKI.

AKIKO TROUVE LA FORCE DE ROULER JUSQU'À EUX.

LE BRUIT DE LA VOITURE RÉVEILLE LA PETITE
HIBIKI L'ÉCHO
SE LÈVE SANS UN BRUIT

AKIKO EN SANG EN LARMES EN MILLE MORCEAUX

A LE TEMPS DE MURMURER LE NOM DE CEUX QUI LUI ONT FAIT CE MAL.

SA SŒUR YUKI
MASHAHO TAKANORI
BENKEI URIMANO
MASAMUNE YAKUNARI
ET PUIS SANZO OKANABE
DE TOUS
LE PIRE
DE TOUS
LE PORC

HIBIKI A SIX ANS
TOUT ENTENDU
TOUT RETENU

AKIKO VOIT SON MARI
MON AMOUR, MON AMOUR
HISHAKU SERRE AKIKO
MON AMOUR, MON AMOUR

HIBIKI A SIX ANS.
AGENOUILLÉE, ELLE
ÉCOUTE PAPA,
REGARDE MAMAN

DANS SA TÊTE ELLE HURLE LES NOMS DE CEUX QUI ONT FAIT CE MAL :

YUKI
QUI L'A PIÉGÉE,
MASAMUNE

REGARDÉE SE DÉBATTRE,
MASHAHO
COUPÉ SES DOIGTS,
BENKEI
BRISÉ SON CORPS.

ET PUIS SANZO OKANABE
QUI A TUÉ SON ÂME.

HISHAKU BERCE AKIKO
MON AMOUR MON AMOUR

AKIKO DANS LES BRAS D'HISHAKU
SOURIT
PLEURE
MEURT.

HISHAKU ENTERRE AKIKO
PENDANT LA NUIT
SOUS LE CERISIER.

HIBIKI VOIT ROUGE AVEC SON ŒIL RUBIS

OKAASAN'
JE LES RETROUVERAI
JE SERAI L'ÉCHO DE TA HAINE
JE SERAI TA VENGEANCE

La respiration d'Hibiki s'était emballée, la puissance du flash-back l'avait forcée à s'asseoir. Il s'agissait de ne pas la brusquer. La réminiscence d'un trauma émotionnel pouvait être lourde de conséquences.

Simmeo songea au début de son enquête. Marius lui avait expliqué que le coupable avait choisi, en utilisant les plantes à traire, d'empoisonner « à feu fort » ses victimes. C'était valable pour quatre d'entre elles. En revanche, pour le pire de tous, Sanzo Okanabe, qui avait fini mangé par ses porcs, il avait choisi la lèpre : il fallait que le monstre souffre et meure à feu doux.

Elle n'avait pas imaginé que Simmeo percerait son secret, encore moins que Sanzo Okanabe le comprendrait. Il avait menacé Eliott, Hibiki n'en démordait pas : si son père avait tué le yakuza, c'était par légitime défense. Simmeo avait la faiblesse de la croire. Elle lui raconta alors comment, après la mort de ce porc de Sanzo, elle avait confessé sa vengeance à son père, détaillé les plats mortels qu'elle avait servis sans remords à chaque coupable.

Le chef avait avoué les meurtres aux policiers pour sceller l'innocence de sa fille par sa propre mort.

Simmeo se leva, s'approcha des ifs. Hibiki avait pris soin de rassembler ses plantes face à la fenêtre, devant un mur orné d'un immense miroir. Luminosité oblige.

C'est alors qu'il remarqua que la paroi du mur oscillait. La cloison, tout droit sortie de la galerie des glaces, coulissait ! Au même moment, il croisa le regard d'Hibiki, résignée.

Il fit glisser la cloison et resta un instant bouche bée devant ce qu'il vit : inspiré par le laboratoire gastronomique ambulant testé à l'ambassade de France, conçu comme le car-fourgon scientifique du TMPD, l'installation creusée dans le mur révélait un laboratoire de plantes à traire ! Deux tiers de l'espace étaient consacrés à une impressionnante serre : des plantes étaient posées sur une table à trous, hors sol, racines volontairement pendantes.

— C'est le secret de ma cuisine, expliqua Hibiki. Un procédé révolutionnaire de...

— ... traite des plantes ! la coupa Simmeo.

Le dernier tiers de la paillasse abritait quant à lui la partie chimique : chauffe-ballon, bombonnes et pipettes fabriquaient le brouillard nutritif utilisé pour la vaporisation des racines. Il y avait aussi des bassines remplies d'un liquide saumâtre, le fameux bain dans lequel des racines étaient plongées pour les ramollir et faire sortir les molécules sous forme de gouttelettes récoltées dans des bocaux.

Le plus fascinant était la beauté futuriste de l'installation. Cette femme avait tous les dons.

— Je voulais avancer, couper, changer les choses, confessa Hibiki. C'est difficile, mais le frisson, la peur… Travailler à l'instinct… J'ai longtemps médité l'épure, cherché tous les jours à m'éloigner du cadre, à sortir de ma filiation. Je n'étais jamais plus heureuse que lorsque je mettais le doigt sur un geste nouveau, une saveur nouvelle, une émotion… Quand je fermais les yeux la nuit, c'est tout ce qui m'importait : dépasser les principes que m'avait inculqués mon père. *Concentration, humilité, maîtrise du geste, répétition et précision.* J'ai été élevée au rythme de ces mots. En grandissant, je me suis mise à abhorrer la répétition. À prévoir tous les risques, le jeu perdait de son intérêt ! La répétition portait en elle sa condamnation. Répéter, pour moi, c'était forcer le sens, figer le mouvement. Mourir, d'une certaine manière. Et voilà qu'en jetant toutes mes forces dans cette bataille, j'ai plongé dans l'ultime redite. En vengeant ma mère, j'ai donné un nouveau tour de roue au cycle criminel dont j'ai hérité.

— Et vous avez décidé de ne plus cuisiner que des racines, ponctua Simmeo, lui arrachant un sourire à travers la brume de son émotion.

Simmeo, pris d'une lassitude soudaine, retourna s'asseoir dans le salon. Hibiki le suivit et s'installa en face de lui, sans baisser les yeux, l'air inquisiteur : elle semblait presque curieuse de la suite.

Cette cuisine est comme la roulette russe. D'une audace folle pour un résultat parfois radical. Simmeo revit très nettement les visages apaisés comme en extase de Yuki Takanori et Eliott Principal, juste après leur dernière bouchée, pendant leur dernier souffle. Il s'était promis que cette enquête serait la dernière et se sentit brutalement comme en phase terminale. Rien ni personne ne l'attendait à Paris et il songea soudain que, si sa vie s'arrêtait maintenant et ici, il serait comblé.

Un repas ultime, voilà ce qu'il souhaitait. En offrant à Hibiki le sac Héritage et ce qu'il contenait, Simmeo ressentit un puissant désir : connaître l'extase fatale, le plaisir suprême, l'orgasme olfactif et gustatif.

— Hibiki, il n'y a rien que j'aimerais plus que de mourir la tête dans votre assiette.

L'œil rouge s'alluma, elle partit d'un grand éclat de rire.

— Je ne plaisante pas, continua-t-il. Je suis le seul à connaître la vérité. Tous les criminels que j'ai connus saisiraient cette opportunité de faire disparaître leur culpabilité à tout jamais. Je vous propose donc de choisir pour moi et de déterminer si je dois être condamné à vivre, ou si je mérite de mourir.

La cuisinière accepta d'élaborer avec lui un repas sur mesure. Ils échangèrent longuement, elle l'écouta sans prendre aucune note. Qu'aimait-il ?

— La sculpture. C'est ce que j'aime le plus. Avant le goût, expliqua Simmeo.

La lecture du monde invisible du policier français donnait à lire des liens poétiques à Hibiki.

Finalement, avec humour, elle lui proposa de revisiter la blanquette de veau, celle du commissaire Maigret.

Simmeo apprécia.

Quitte à mourir la bouche pleine, autant dynamiter un bon classique, rappeler les origines, se souvenir de la source.

ANNEXES

Blanquette de veau
à la manière de Thierry Marx

Recette pour 8 personnes

Durée de préparation : 1 h 25
Durée moyenne de cuisson : 40 à 50 minutes

INGRÉDIENTS

Éléments de base :
1 400 à 1 600 g d'épaule ou collier de veau, morceaux sans os
Garniture aromatique :
200 gr de carottes
200 gr d'oignons
2 pièces de clous de girofle
200 g de blancs de poireaux
100 g de céleri en branches
1 bouquet garni
2 gousses d'ail
Mouillement :
2 litres de fond blanc de veau

Velouté :
60 g de beurre
60 g de farine
1 litre fond blanc de cuisson
20 cl de crème épaisse
2 jaunes d'œuf
Seconde garniture :
250 g de champignons boutons *(vérifier le taux de césium 137. Ha, ha, ha !)*
250 g de minicarottes colorées (jaunes/oranges/violettes)

Barre de riz :
500 g de riz japonais
1 demi-litre de lait de coco
200 g de mascarpone
5 g d'agar-agar

RÉALISATION DE LA RECETTE

1 / Blanchir la viande

Placer les morceaux dans une russe et mouiller à l'eau froide.
Porter à ébullition et blanchir pendant quelques minutes.
Rincer et réserver la russe pour la cuisson.

2 / Préparer la garniture aromatique

Éplucher et laver les carottes, les oignons, les poireaux, le céleri, les tiges de persil et les gousses d'ail.

Tailler les carottes en gros bâtonnets et les oignons en quartiers.
Clouter, côté talon, un oignon avec deux clous de girofle.
Confectionner le bouquet garni avec les tiges de persil, le thym, le laurier, les poireaux et le céleri.

3 / Marquer la blanquette en cuisson
Placer les morceaux de viande blanchis dans la russe.
Mouiller avec du fond de blanc de veau à 2 ou 3 cm au-dessus des morceaux.
Saler au gros sel et porter à ébullition.
Écumer et y ajouter la garniture aromatique. Cuire doucement et à couvert pendant 40 à 50 minutes.

4 / Réaliser le roux blanc et le refroidir rapidement

5 / Préparer la seconde garniture
Éplucher les mini-carottes et les oignons, les faire blanchir et les glacer dans un fond blanc de beurre.
Éplucher les champignons, les faire sauter au vin puis terminer en les glaçant de même dans un fond blanc de beurre.

6 / Confectionner la barre de riz qui servira d'accompagnement de la blanquette
Faire suer un oignon, ajouter le riz puis le nacrer.
Ajouter du vin blanc et le faire réduire. Mouiller au fond blanc (une fois et demi le poids du riz).
Cuire 20 minutes au four à 180 °C à couvert.

Faire bouillir le lait de coco avec l'agar-agar.
Ajouter le mélange au riz, bien mélanger puis y ajouter le mascarpone.
Tout mettre dans un cadre afin de confectionner la barre de riz.
Juste avant de servir, poêler la barre à l'huile d'olive et la disposer dans l'assiette à côté de la blanquette.

7 / Décanter la viande et confectionner le velouté
S'assurer de la cuisson de la viande puis la décanter dans un bahut en acier.
Passer le fond de la cuisson sans fouler au chinois étamine.
Verser un litre de fond bouillant sur le roux froid, 0,10 l de cuisson des champignons et remuer jusqu'à la reprise de l'ébullition à l'aide d'un petit fouet.
Laisser cuire doucement le velouté durant environ 10 minutes.

8 / Préparer la liaison
Clarifier les œufs et mélanger les jaunes à la crème.

9 / Terminer la sauce de la blanquette
Ajouter progressivement hors du feu la liaison au velouté.
Remuer à l'aide d'un fouet à sauce à remettre à bouillir durant quelques secondes.
Passer la sauce au chinois étamine sur les morceaux de viande.

Ajouter les champignons bien égouttés et les petits oignons.
Réserver la blanquette à couvert au bain-marie.

10 / Dresser la viande et la barre de riz côte à côte et napper le tout de sauce

Bibliographie et filmographie sélectives

Bibliographie
• *Yakusa : Enquête au cœur de la mafia japonaise*
Jérôme Pierrat, Alexandre Sargos
Éditions Flammarion, 2005

• *Mémoires d'un yakuza*
Junichi Saga
Éditions Philippe Picquier, 2007

• *Tokyo Vice*
Jake Adelstein
Éditions Marchialy, 2016

• *L'École de Salerne*

• *L'Innovation aux fourneaux*
Raphaël Haumont et Thierry Marx
Éditions Dunod, 2016

• *Le Répertoire de la cuisine innovante*
Raphaël Haumont et Thierry Marx
Éditions Flammarion, 2012

• *Le Sabre de Vie (Les enseignements secrets de la maison du Shôgun)*
Yagyû Munenori
Budo Éditions, 2005

Filmographie

• *Les 7 Samouraïs*
Akira Kurosawa (1954)

• *Combat sans code d'honneur*
Kinji Fukasaku (1973)

• *Yakuza*
Sydney Pollack (1975)

• *Le Festin de Babette*
Gabriel Axel (1988)

• *Soleil Levant*
Philip Kaufman (1993)

• *Aniki, mon frère*
Takeshi Kitano (2000)

• *Lost in Translation*
Sofia Coppola (2003)

• *Les Délices de Tokyo*
Naomi Kawase (2015)

Remerciements

Les auteurs remercient tous ceux qui ont rendu ce livre possible.

Et plus particulièrement :

Louise Larrieu, précieuse et attentive complice, ping et pong.

Raphaël Haumont, chimiste passionné de cuisine, pour ses généreux et audacieux conseils.

M. Takehisa Sakurai, Mme Maya Omori (délégation du Japon auprès de l'OCDE).

Eriko Hagio, de l'Institut français à l'ambassade de France à Tokyo, pour son accueil et sa confiance.

Annie et JJ (Sherlock), indéfectibles soutiens.

Et tous les anges gardiens littéraires : Marc Fernandez, Marie-Laure Pascaud, Catherine Davray, la SGDL, l'ECLA Aquitaine, etc.

Imprimé en France par CPI
en décembre 2017

pour le compte des Éditions Plon
12, Avenue d'Italie 75013 Paris

N° d'impression : 145277
P25140/03